DISCLAIMER

The author and publisher are providing this book and its contents on an "as is" basis and make no representations or warranties of any kind with respect to this book or its contents. The author and publisher disclaim all such representations and warranties, including but not limited to warranties of merchantability. In addition, the author and publisher do not represent or warrant that the information accessible via this book is accurate, complete, or current.

Except as specifically stated in this book, neither the author nor publisher, nor any authors, contributors, or other representatives will be liable for damages arising out of or in connection with the use of this book. This is a comprehensive limitation of liability that applies to all damages of any kind, including (without limitation) compensatory; direct, indirect, or consequential damages; loss of data, income, or profit; loss of or damage to property; and claims of third parties.

This Book Comes With Free Bonus Puzzles
Available Here:

BestActivityBooks.com/WSBONUS20

5 TIPS TO START!

1) HOW TO SOLVE

The Puzzles are in a Classic Format:

- Words are hidden without breaks (no spaces, dashes, ...)
- Orientation: Forward & Backward, Up & Down or in Diagonal (can be in both directions)
- Words can overlap or cross each other

2) ACTIVE LEARNING

To encourage learning actively, a space is provided next to each word to write down the translation. The **DICTIONARY** allows you to verify and expand your knowledge. You can look up and write down each translation, find the words in the Puzzle then add them to your vocabulary!

3) TAG YOUR WORDS

Have you tried using a tag system? For example, you could mark the words which have been difficult to find with a cross, the ones you loved with a star, new words with a triangle, rare words with a diamond and so on...

4) ORGANIZE YOUR LEARNING

We also offer a convenient **NOTEBOOK** at the end of this edition. Whether on vacation, travelling or at home, you can easily organize your new knowledge without needing a second notebook!

5) FINISHED?

Go to the bonus section: **MONSTER CHALLENGE** to find a free game offered at the end of this edition!

Want more fun and learning activities? It's **Fast and Simple!**
An entire Game Book Collection just **one click away!**

Find your next challenge at:

BestActivityBooks.com/MyNextWordSearch

Ready, Set... Go!

Did you know there are around 7,000 different languages in the world? Words are precious.

We love languages and have been working hard to make the highest quality books for you. Our ingredients?

A selection of indispensable learning themes, three big slices of fun, then we add a spoonful of difficult words and a pinch of rare ones. We serve them up with care and a maximum of delight so you can solve the best word games and have fun learning!

Your feedback is essential. You can be an active participant in the success of this book by leaving us a review. Tell us what you liked most in this edition!

Here is a short link which will take you to your order page.

BestBooksActivity.com/Review50

Thanks for your help and enjoy the Game!

Linguas Classics Team

1 - Food #1

```
L  S  G  F  S  P  I  O  N  Á  I  S  T  E
L  S  A  L  A  N  N  F  B  X  R  Ú  Ú  D
V  B  I  T  O  R  N  A  P  A  S  T  Z  Z
P  A  R  L  E  M  O  N  S  B  E  H  T  U
V  S  L  E  A  N  R  A  I  T  H  A  C  C
M  I  E  F  O  I  N  N  I  Ú  N  T  A  A
T  L  O  V  F  R  S  I  Ú  C  R  A  I  E
R  U  G  M  P  S  N  S  J  M  K  L  R  C
P  E  I  E  O  P  E  A  N  U  T  Ú  É  A
I  K  D  N  C  B  A  I  N  N  E  N  A  I
O  R  S  F  N  K  N  L  D  A  Q  E  D  N
R  R  B  O  X  Í  M  É  Z  T  Q  D  E  É
R  G  H  Ó  P  H  N  A  T  S  S  Q  K  I
A  I  B  R  E  O  G  D  N  U  W  V  L  L
```

AIBREOG	PEANUT
EORNA	PIORRA
BASIL	SAILÉAD
CAIRÉAD	SALANN
CAINÉIL	ANRAITH
GAIRLEOG	SPIONÁISTE
SÚ	SÚTHA TALÚN
LEMON	SIÚCRA
BAINNE	TUINNÍN
OINNIÚN	TORNAPA

2 - Castles

```
P D E D U N G E O N W C B T
R Y G R F A C A P A L L A S
I N P Q K J S A M Z Z X L T
O A R M O R W A T Ú R H L K
N S F E U D A L L A C H A I
S T R U D R A G O N P U P N
A Y L N P M W Y Q I W U Á P
B G V I G R J G O Ó F Z L L
A E Z C S C I A T H V J Á T
L S W O R D F O R T R E S S
C H O R Ó I N G N P A C R N
G L D N V Z Q N E S K R G R
R Í O C H T A V F Y A X T W
I M P I R E A C H T O C U D
```

ARMOR	RÍOCHT
CATAPULT	UASAL
CHORÓIN	PÁLÁS
DRAGON	PRIONSA
DUNGEON	PRIONSABAL
DYNASTY	SCIATH
IMPIREACHT	SWORD
FEUDAL	TÚR
FORTRESS	UNICORN
CAPALL	BALLA

3 - Exploration

```
E  R  X  S  W  C  T  E  C  R  A  G  N  T
X  X  G  M  L  P  E  E  F  O  I  N  U  U
H  E  C  L  A  B  A  M  P  M  N  Í  A  P
A  K  O  I  V  V  N  H  Q  P  M  O  D  R
U  R  N  Y  T  K  G  M  T  U  H  M  W  S
S  L  T  T  V  E  A  X  Y  J  I  H  Ó  P
T  A  Ú  I  A  T  M  K  R  T  T  A  C  Á
I  W  I  L  D  I  Í  E  I  X  H  Í  U  S
O  L  R  F  O  Z  S  R  N  K  E  O  L  I
N  L  T  O  H  B  Q  T  R  T  O  C  T  U
W  Y  E  S  M  I  S  N  E  A  C  H  Ú  T
G  U  A  I  S  E  A  C  H  A  O  T  I  U
H  T  C  I  N  N  E  A  D  H  L  N  R  Y
C  Z  H  A  N  A  I  T  H  N  I  D  D  P
```

GNÍOMHAÍOCHT
AINMHITHE
MISNEACH
CULTÚIR
CINNEADH
EXCITEMENT
EXHAUSTION
GUAISEACHA
TEANGA

NUA
CONTÚIRTEACH
ROMPU
SPÁS
TÍR-RAON
TAISTEAL
ANAITHNID
WILD

4 - Measurements

```
C E I N T I M É A D A R D C
C H S D W Q O N Ó O I R E É
C I L E A G R A M U R A A I
G T S S C B L F J N D K C M
C R P X P T A X C C E Y H M
B I A Y G D C B K E N Z Ú É
H P L M G P H Y V A W L L A
M Ó B I Y I A T F X X Í A D
E D O I M H N E A C H T C A
Á Z Q P X É E L N T J E H R
C T P U N N A I F R E A N N
H N Ó I M É A D T O I R T N
A G F H S L T C A O F A D R
N L E I T H E A D R N V K J
```

BYTE
CEINTIMÉADAR
DEACHÚLACH
CÉIM
DOIMHNEACHT
GRAM
AIRDE
ORLACH
CILEAGRAM
CILIMÉADAR

FAD
LÍTEAR
AIFREANN
MÉADAR
NÓIMÉAD
OUNCE
TON
TOIRT
MEÁCHAN
LEITHEAD

5 - Farm #2

```
S  M  V  F  T  A  A  T  Y  L  E  B  O  C
J  E  A  P  X  O  R  H  W  A  O  A  R  A
R  F  W  X  E  I  R  B  V  M  R  I  C  O
G  O  N  N  I  W  V  T  H  B  N  N  H  I
L  Z  V  N  K  B  W  Ó  H  A  A  N  A  R
A  I  N  M  H  I  T  H  E  A  R  E  R  I
S  O  P  B  B  A  R  N  E  G  Í  D  D  G
R  A  I  M  E  A  D  O  W  N  Y  U  O  H
A  A  C  R  U  I  T  H  N  E  A  C  H  T
Í  Y  A  A  E  Q  N  V  F  W  X  K  L  U
F  E  I  R  M  E  O  I  R  E  N  Z  L  D
U  I  S  C  I  Ú  C  H  Á  I  N  O  A  W
T  A  R  R  A  C  Ó  I  R  T  R  R  M  H
M  W  I  N  D  M  I  L  L  D  D  Ó  A  L
```

AINMHITHE	LLAMA
EORNA	MEADOW
BARN	BAINNE
ARBHAR	ORCHARD
DUCK	CAOIRIGH
FEIRMEOIR	AOIRE
BIA	TARRACÓIR
TORTHAÍ	GLASRAÍ
UISCIÚCHÁIN	CRUITHNEACHT
LAMB	WINDMILL

6 - Books

```
E  W  V  D  A  S  S  C  É  A  L  L  E  F
P  L  Z  Ú  I  Y  R  B  I  V  P  É  A  I
I  T  E  B  R  H  F  A  E  A  X  I  C  L
C  T  Ú  A  G  U  P  I  I  O  V  T  H  Í
L  S  R  I  T  L  K  L  P  T  Y  H  T  O
I  M  S  L  H  H  P  I  V  Ó  H  E  R  C
T  Á  C  T  E  J  A  Ú  Ú  D  V  O  A  H
E  B  É  E  A  D  Á  N  D  D  Q  I  Í  T
A  H  A  A  C  P  N  T  A  L  A  R  O  V
R  A  L  C  H  N  K  N  Q  C  D  R  C  U
T  R  Z  H  Y  B  F  O  D  G  H  R  H  F
H  T  M  T  H  U  M  O  R  O  U  S  T  D
A  H  S  T  A  I  R  I  Ú  I  L  W  A  D
J  A  T  R  A  G  Ó  I  D  E  A  C  H  E
```

EACHTRAÍOCHTA	ÚRSCÉAL
ÚDAR	LEATHANACH
BAILIÚ	DÁN
DÚBAILTEACHT	FILÍOCHT
EPIC	LÉITHEOIR
STAIRIÚIL	ÁBHARTHA
HUMOROUS	SRAITH
AIRGTHEACH	SCÉAL
LITEARTHA	TRAGÓIDEACH

7 - Meditation

```
M  A  J  G  I  Z  S  A  Y  Y  J  J  S  Y
O  O  E  L  T  C  Í  D  W  R  T  Ó  O  X
T  M  T  A  A  Z  O  Y  F  A  X  V  N  Y
H  E  O  C  S  M  C  O  Q  U  K  B  A  C
Ú  A  S  A  S  W  H  G  C  U  W  E  S  I
C  B  T  D  Ó  Y  Á  C  V  W  W  B  I  N
H  H  U  H  U  X  I  N  Á  D  Ú  R  R  E
Á  R  W  Í  T  W  N  Ó  S  A  N  N  A  Á
I  A  H  N  O  T  R  U  A  O  I  G  S  L
N  C  N  Ó  W  C  P  B  X  C  N  R  T  T
L  H  C  E  O  L  H  J  Ó  A  A  C  D  A
W  D  J  G  Q  Y  O  A  V  L  A  D  C  S
S  M  A  O  I  N  T  E  S  M  I  N  D  F
B  T  F  W  S  Ó  B  L  É  A  R  G  A  S
```

GLACADH	LÉARGAS
AIRD	CINEÁLTAS
AWAKE	MEABHRACH
CALMA	MIND
TRUA	CEOL
MOTHÚCHÁIN	NÁDÚR
BUÍOCHAS	SÍOCHÁIN
NÓSANNA	TOST
SONAS	SMAOINTE

8 - Days and Months

```
S D H U B Y R O U A B H K D
E A N Á I R S Ó Q I E M Í É
D É M Á I R T E H B A B N C
N U D H F A V C U R L L Z É
D D U E A Q T K B E T I U A
É F H O J I Ú I L Á A A G D
A C F J F F N U Q N I I D A
R G X K X W E L B Y N N O O
D É L U A I N A Ú E E B M I
A F É I L I R E B N F X Á N
O J G R D É S A T H A I R N
I S E A C H T A I N R S T W
N D É H A O I N E E Z A A Y
M E Á N F Ó M H A I R G V X
```

AIBREÁN

LÚNASA

FÉILIRE

FEABHRA

DÉ HAOINE

EANÁIR

IÚIL

MÁRTA

BEALTAINE

DÉ LUAIN

MÍ

SAMHAIN

DÉ SATHAIRN

MEÁN FÓMHAIR

DÉARDAOIN

DÉ MÁIRT

DÉ CÉADAOIN

SEACHTAIN

BLIAIN

9 - Chess

```
I  B  K  Q  I  O  G  R  W  B  D  A  Í  Ó
L  R  R  B  Á  N  U  W  A  E  E  U  O  L
É  I  G  H  N  Í  O  M  H  A  C  H  B  Q
C  A  T  C  L  K  P  M  M  M  O  C  A  H
H  L  R  L  L  U  D  N  H  S  M  O  I  F
A  A  A  U  C  I  Ú  A  Q  T  Ó  M  R  S
M  C  S  I  T  M  S  E  P  R  R  H  T  C
P  H  N  C  U  R  H  T  P  A  T  R  B  A
I  A  Á  H  S  E  L  Y  E  I  A  A  A  Z
O  U  N  E  C  O  Á  V  Ó  T  S  I  N  X
N  D  A  R  M  I  I  K  B  É  L  C  R  Q
Q  R  C  V  C  R  N  P  O  I  N  T  Í  D
J  R  H  T  H  Ó  G  S  V  S  H  O  O  Ó
Q  Í  Q  A  A  L  Ó  N  Z  Y  P  M  N  H
```

DUBH	IMREOIR
DÚSHLÁIN	POINTÍ
CHAMPION	BANRÍON
CLISTE	RIALACHA
TRASNÁNACH	ÍOBAIRT
CLUICHE	STRAITÉIS
RÍ	AM
COMHRAIC	COMÓRTAS
ÉIGHNÍOMHACH	BÁN

10 - Food #2

```
C B Y C N R S G N S B B S I
U R Í S H T U H B I A F E Ó
M O U O I E R F O C N I A G
J C N I O S R Á L Í A U C A
Ó A K L T Y H R T N N K L R
R I N I L H Z J Y A A I Á T
P L Ó R T C N D U F Í W I V
M Í S E X C B E W A S I D C
Y Q F Í O N C H A O R F I Á
A R T I C H O K E C Ó J A I
B E A C Á N R D Ó R H Q S S
H A M E G G P L A N T T C V
H Y T E C D B A P P L E P F
U B H O L F K I C Q J D L W
```

APPLE	EGGPLANT
ARTICHOKE	IASC
BANANA	FÍONCHAOR
BROCAILÍ	HAM
SOILIRE	KIWI
CÁIS	BEACÁN
CHERRY	RÍS
SICÍN	TRÁTAÍ
SEACLÁID	CRUITHNEACHT
UBH	IÓGART

11 - Family

```
Q  P  S  Á  Z  F  Q  F  F  B  I  U  X  S
E  A  E  B  D  E  A  R  T  H  Á  I  R  I
Ó  T  A  H  G  A  R  L  E  A  N  B  H  N
A  E  N  A  J  R  U  R  T  V  I  A  I  S
I  R  M  R  E  C  P  N  Y  H  A  F  K  E
N  N  H  I  G  É  M  Á  T  H  A  I  R  A
T  A  Á  C  Ó  I  G  E  Q  F  U  K  T  R
Í  L  T  C  O  L  C  E  A  T  H  R  A  R
N  U  H  C  R  E  E  Z  Y  I  M  Ó  I  D
S  E  A  N  A  T  H  A  I  R  N  H  V  I
D  E  I  R  F  I  Ú  R  N  C  Y  Í  K  H
Q  A  R  A  T  H  A  I  R  A  A  Q  O  O
U  N  E  A  C  H  T  V  N  Ó  Í  P  Y  N
P  A  Z  O  Z  T  U  N  C  A  I  L  Q  K
```

SINSEAR	SEANMHÁTHAIR
AINTÍN	UA
DEARTHÁIR	FEAR CÉILE
LEANAÍ	ÁBHAR
ÓIGE	MÁTHAIR
COL CEATHRAR	NIA
INÍON	NEACHT
ATHAIR	PATERNAL
GARLEANBH	DEIRFIÚR
SEANATHAIR	UNCAIL

12 - Farm #1

```
J B E E F P H V U I T S E C
I I G M B C C R O W A X E G
L S C A P A L L I Ó L B J X
E O T D B T L Z T O M V N R
H N W R Z H E Y T O H O S É
F P G A F A A Z R H A X B I
A L H Ó U Y S R O K Í R Ó M
C A K U C R A I Í F O M S S
X O B W T L C U I S C E I E
D O N K E Y H B S Í H Ó C L
D V R R K N Á D N O T P Í Ó
L L D M U C N F Á L J R N L
R O F V F A G L T T Y L G R
P B Z F H F J I K A Z P K G
```

TALMHAÍOCHT
BEE
BISON
LAO
CAT
SICÍN
BÓ
CROW
MADRA
DONKEY

FÁL
LEASACHÁN
RÉIMSE
GABHAR
HAY
MIL
CAPALL
RÍS
SÍOLTA
UISCE

13 - Camping

```
T  F  L  P  Y  D  M  H  A  T  A  H  T  A
N  Á  D  Ú  R  P  T  G  S  D  Ó  A  U  I
C  O  M  P  Á  S  C  E  N  Ó  I  M  O  N
A  T  L  X  F  O  R  A  O  I  S  M  W  M
N  O  A  O  P  P  A  L  D  T  L  O  V  H
O  I  N  P  C  C  I  A  J  E  I  C  U  I
E  K  J  U  E  H  N  C  L  Á  A  K  Y  T
F  C  Á  B  Á  N  N  H  E  I  B  S  C  H
I  X  A  A  B  R  S  G  J  N  H  Ó  B  E
A  T  I  L  Q  L  É  A  R  S  C  Á  I  L
C  J  É  L  S  P  R  A  O  I  I  S  S  Y
H  J  Q  A  I  Q  D  Ó  R  X  T  Z  E  S
Q  C  A  V  D  E  F  E  I  T  H  I  D  Í
E  A  C  H  T  R  A  Í  O  C  H  T  A  N
```

EACHTRAÍOCHTA	FIACH
AINMHITHE	FEITHIDÍ
CÁBÁN	LOCH
CANOE	LÉARSCÁIL
COMPÁS	GEALACH
DÓITEÁIN	SLIABH
FORAOIS	NÁDÚR
SPRAOI	TÉAD
HAMMOCK	PUBALL
HATA	CRAINN

14 - Conservation

```
É W Q D Ó G N Á T H Ó G A T
I M N Í F X G Á A O C U W I
C I G V G A W Q D P A I G M
E O R G Á N A C H Ú E L L T
A T H R U I T H E K R O A H
C C O M H S H A O L Á T S R
H O I D E A C H A S I N H I
Ó O D N V T T W A I D A U A
R U G D T R E E W I E I I L
A T H C H Ú R S Á I L D S L
S C E I M I C E Á I N I C A
W Z Y E J M F Q E Ó V C E G
T R U A I L L I Ú T R Í A I
S L Á I N T E G M W F D B R
```

ATHRUITHE	GNÁTHÓG
CEIMICEÁIN	SLÁINTE
AERÁIDE	NÁDÚRTHA
IMNÍ	ORGÁNACH
TIMTHRIALL	LOTNAIDICÍD
ÉICEACHÓRAS	TRUAILLIÚ
OIDEACHAS	ATHCHÚRSÁIL
COMHSHAOL	UISCE
GLAS	

15 - Cats

```
U M B E A G L U C H Ó C N N
F K C J G P C K Ú E R O X E
H I P S Y O I T T G N D K A
U F O S G H A J H M Ó L I M
N M Z N S F C R A Z Y A S H
T S W Á N W Z J I H C T Ó S
E M U T H A X C L R Z A F P
R F R H J E I P L A Y F U L
E L T A P A Y D G A S N G E
A I S T E A C H H X W V Y Á
F G R E A N N M H A R V W C
P E A R S A N T A C H T I H
V A E I R E A B A L L T L B
J N W T F P V V T Ó R J D T
```

CLAW	LUCH
CRAZY	PAW
AISTEACH	PEARSANTACHT
TAPA	PLAYFUL
GREANNMHAR	CÚTHAIL
FIONNAIDH	CODLATA
HUNTER	EIREABALL
NEAMHSPLEÁCH	WILD
BEAG	SNÁTH

16 - Numbers

```
T  U  I  V  G  N  A  O  I  D  É  A  G  S
O  R  N  A  O  I  M  Z  D  Ó  J  C  Q  E
D  S  Í  A  Q  M  A  M  B  N  A  E  U  A
E  E  É  C  E  I  T  H  R  E  D  A  N  C
A  P  I  C  I  L  H  A  E  Z  F  T  I  H
C  S  H  C  I  N  C  O  T  R  Í  H  A  T
H  S  I  W  H  N  N  N  W  Z  F  A  L  X
Ú  O  A  W  K  P  N  D  Ó  Ó  J  I  A  Y
L  C  Ú  I  G  F  G  D  É  T  P  R  S  J
A  C  W  M  V  I  U  J  É  A  W  X  K  N
C  F  A  D  O  C  H  T  X  A  G  R  X  M
H  A  H  O  C  H  T  D  É  A  G  E  T  C
S  É  N  A  S  E  A  C  H  T  D  É  A  G
Ó  C  R  P  Q  I  E  Ó  L  P  U  Q  D  D
```

DEACHÚLACH
OCHT
OCHT DÉAG
CÚIG
CEITHRE
A CEATHAIR
MATH
NAOI
NAOI DÉAG
AON

SEACHT
A SEACHT DÉAG
SÉ
SÉ CINN DÉAG
DEICH
TRÍ CINN DÉAG
TRÍ
FICHE
DÓ
NIALAS

17 - Spices

```
P  P  V  E  B  M  E  C  N  C  N  A  C  C
S  A  V  P  J  I  B  O  C  U  R  R  Y  L
C  A  P  X  G  L  M  R  U  M  T  I  O  O
A  H  F  R  A  I  B  I  B  I  T  M  Y  V
R  Ó  E  F  I  S  Y  A  L  N  M  Q  E  E
D  N  N  M  R  K  E  N  A  N  I  S  E  G
A  T  U  C  L  O  A  D  S  A  L  A  N  N
M  L  G  A  E  I  N  E  S  E  A  R  B  H
O  I  R  I  O  N  M  R  A  L  E  S  J  Z
M  A  E  N  G  N  V  A  N  I  L  L  A  S
K  H  E  É  O  I  O  L  C  W  Y  B  E  E
T  U  K  I  M  Ú  K  W  J  L  W  D  X  F
J  D  J  L  Y  N  G  I  N  G  E  R  Ó  E
U  N  I  F  E  N  N  E  L  R  J  H  E  Z
```

ANISE	BLAS
SEARBH	GAIRLEOG
CARDAMOM	GINGER
CAINÉIL	NUTMEG
CLOVE	OINNIÚN
CORIANDER	PAPRIKA
CUMIN	SAFFRON
CURRY	SALANN
FENNEL	MILIS
FENUGREEK	VANILLA

18 - Mammals

```
M  M  L  Z  B  T  J  D  S  B  E  A  R  G
A  A  F  I  M  R  B  X  I  E  I  K  R  O
C  D  O  Q  O  A  E  H  O  A  K  C  H  R
T  R  X  M  Q  N  I  C  R  V  U  F  N  I
Í  A  E  L  B  U  L  L  Á  E  U  F  J  L
R  M  B  C  F  D  I  D  F  R  V  O  M  L
E  J  M  A  K  D  F  N  Q  S  A  M  O  A
L  V  I  O  E  A  I  B  C  R  S  Í  Z  Z
D  C  O  I  N  Í  N  O  C  O  Y  O  T  E
O  C  R  R  N  C  T  G  Ó  W  B  L  Z  K
F  O  Q  I  Ó  C  A  P  A  L  L  M  E  I
N  F  T  G  Z  N  J  Í  Z  R  L  Ó  B  C
E  F  Z  H  D  E  I  L  F  G  O  R  R  A
O  X  K  Z  M  J  K  J  K  G  Y  O  A  T
```

BEAR	GORILLA
BEAVER	CAPALL
BULL	KANGAROO
CAT	LION
COYOTE	MONCAÍ
MADRA	COINÍN
DEILF	CAOIRIGH
EILIFINT	MÍOL MÓR
FOX	MAC TÍRE
SIORÁF	ZEBRA

19 - Fishing

```
X  T  K  C  J  N  H  C  V  R  W  X  F  Ó
B  J  R  M  G  I  I  R  T  R  Y  J  M  L
J  Á  X  E  E  K  A  Ú  I  R  L  Q  C  O
C  V  D  Á  A  E  B  C  S  Z  Á  F  W  C
I  Q  B  C  F  L  H  A  I  G  É  A  N  H
S  S  C  H  I  S  A  S  É  A  S  Ú  R  J
E  R  T  A  F  H  I  M  D  J  Á  D  F  C
Á  E  X  N  F  I  N  S  H  S  I  A  Y  C
N  A  Q  J  O  C  N  Ó  U  F  B  A  S  U
C  N  I  J  I  Y  H  N  U  B  H  J  A  W
A  G  Ó  L  G  I  L  L  S  M  É  B  C  I
T  I  X  T  H  J  Q  Q  I  W  I  L  Y  J
Ó  M  U  Z  N  L  R  Z  R  V  L  Ó  M  T
U  I  S  C  E  B  A  O  I  T  E  S  F  A
```

BAOITE	JAW
CISEÁN	LOCH
TRÁ	AIGÉAN
BÁD	FOIGHNE
TREALAMH	ABHAINN
ÁIBHÉIL	SÉASÚR
FINS	UISCE
GILLS	MEÁCHAN
CRÚCA	SREANG

20 - Restaurant #1

```
N  J  I  D  H  Ó  C  I  F  M  L  S  N  I
A  N  S  A  S  A  O  I  F  A  I  P  A  A
M  N  P  B  I  A  M  R  S  J  C  I  P  I
D  Ó  L  A  C  J  H  O  A  T  A  C  K  R
M  F  Á  A  Í  J  Á  G  I  W  I  Y  I  G
H  F  T  G  N  U  B  H  L  F  F  N  N  E
R  Z  A  B  S  N  H  C  L  F  E  O  L  A
U  A  J  S  O  I  A  H  É  C  J  M  X  D
Z  Z  X  Q  E  S  I  L  I  R  M  E  K  Ó
I  I  Ó  E  S  D  R  Á  R  A  S  D  L  I
M  I  L  S  E  O  G  R  G  R  C  K  R  R
W  A  I  T  R  E  S  S  E  Á  I  H  Ó  D
Á  I  R  I  T  H  I  N  T  N  A  N  U  H
M  B  O  W  L  L  L  H  Q  J  N  J  K  T
```

AILLÉIRGE
BOWL
ARÁN
AIRGEADÓIR
SICÍN
CAIFE
MILSEOG
BIA
COMHÁBHAIR
CISTIN

SCIAN
FEOLA
ROGHCHLÁR
NAPKIN
PLÁTA
ÁIRITHINT
ANLANN
SPICY
WAITRESS

21 - Bees

```
I  J  C  G  N  Á  T  H  Ó  G  Y  E  E  É
M  E  T  A  T  F  E  I  T  H  I  D  Í  A
Z  L  E  I  Y  A  X  V  R  X  Y  O  O  G
T  Q  G  R  S  B  I  E  J  W  G  Y  O  S
P  Z  W  D  E  I  L  R  B  W  D  N  S  Ú
K  A  G  Í  A  A  A  Á  B  J  P  Z  W  L
Q  K  I  N  C  É  I  R  T  H  D  Y  A  A
X  Z  B  L  O  S  S  O  M  H  E  Z  R  C
V  Q  H  N  I  U  M  I  L  I  A  A  M  H
P  O  L  L  I  N  A  T  O  R  T  N  C  T
P  L  A  N  D  A  Í  I  X  I  A  R  N  H
T  O  R  T  H  A  Í  T  O  E  I  Z  N  A
B  A  N  R  Í  O  N  V  Ó  H  G  F  B  R
Y  F  X  Z  X  O  J  T  N  V  H  O  Y  P
```

TAIRBHEACH	FEITHIDÍ
BLOSSOM	PLANDAÍ
ÉAGSÚLACHT	PAILIN
BLÁTHANNA	POLLINATOR
BIA	BANRÍON
TORTHAÍ	DEATAIGH
GAIRDÍN	SUN
GNÁTHÓG	SWARM
HIVE	CÉIR
MIL	

22 - Sports

```
G V N V A L B C W F O P G M
I Y B G A Ú E G R F P F P R
O G B R O T H A R A Q I E L
M A A S R H A K D X O R K M
N W S J N C C M R Ó Ó B V U
Á I E H Y H A H Q Z G D H U
I F B C O L R É I T E O I R
S O A G L E A C A Í O C H T
I I L Q Z A R W L O Ó Z P C
A R L S N S Z S O U Z M S Ó
M E C A J A E Y M D I V F I
W A D I D Í G A L F E C M S
V N Ó G L U A I S E A C H T
V N I M R E O I R Ó N B J E
```

LÚTHCHLEASAÍ   GLEACAÍOCHT
BASEBALL   HACA
ROTHAR   GLUAISEACHT
CRAOBH   IMREOIR
CÓISTE   RÉITEOIR
CLUICHE   FOIREANN
GALF   LEADÓG
GIOMNÁISIAM

23 - Weather

```
T T E O C H R I O S A C H A
Ó U T H U N D E R V V D A E
T J A W F E U P Q U T D T R
M T O R N A D O A T R M M Á
T P F O C O F L I I I Q A I
I I F D O E S A O R O J I D
S Q N S Ó A A R I I M M S E
K C M T S O C T G M A O F J
Y K A Q R C E O H T C N É G
Y O E M A E Y N E A H S A Z
T H W L A G A Z A S T O R M
H Y D W V L Y C R A F O S G
T E O C H T L D H R I N E M
B R E E Z E H A I R I C Í N
```

ATMAISFÉAR
BREEZE
AERÁIDE
SCAMALL
TRIOMACH
TIRIM
CEO
HAIRICÍN
OIGHEAR
TINTREACH

MONSOON
POLAR
TUAR CEATHA
SKY
STORM
TEOCHT
THUNDER
TORNADO
TEOCHRIOSACH

24 - Adventure

```
X P C R Ó G A C H T J J Á U
U L L M H Ú Y U C U B O T I
N U A S T Á I L L E A C H T
K Q H E F D C K V V D V A S
M X Z A M E L M P J M U S A
G N P N W I T I N E R A R Y
E D B S B S K S N Á D Ú R D
S Á B H Á I L T E A C H T Ú
G N Í O M H A Í O C H T X S
C O N T Ú I R T E A C H F H
N F E X C U R S I O N D D L
N A S C L E A N Ú I N T Q Á
C E A N N S C R Í B E I M I
E I O N T A S R D R Y B H N
```

GNÍOMHAÍOCHT	ÁTHAS
ÁILLEACHT	NÁDÚR
CRÓGACHT	NASCLEANÚINT
DÚSHLÁIN	NUA
SEANS	DEIS
CONTÚIRTEACH	ULLMHÚ
CEANN SCRÍBE	SÁBHÁILTEACHT
EXCURSION	IONTAS
ITINERARY	

25 - Circus

```
T R I C K I R N S U N I J A
A Í B M A G I C M A S K U C
I N O A Y W G P S J A J G R
S A T G L P H U I P B Y G O
P Y S I A Ú W N A C E O L B
E V O C W I I V M B A E E A
Á E P I N R R N S I F N R T
I I A A U G C M A O L P D Z
N L X N X K I A Í N I U I Y
H I M O N C A Í O T O B Q G
T F P A R Á I D C A N A R T
X I C L O W N H H C D L S L
Ó N É A D A Í Q T H J L O J
P T A I N M H I T H E W F H
```

ACROBAT	MAGIC
AINMHITHE	MAGICIAN
BALÚIN	MONCAÍ
CANDY	CEOL
CLOWN	PARÁID
ÉADAÍ	TAISPEÁIN
EILIFINT	IONTACH
SIAMSAÍOCHT	PUBALL
JUGGLER	TÍOGAIR
LION	TRICK

26 - Tools

```
Z H D C G L I Ú H F Y J R S
T É A D D R É I M I R E I T
Ó W O M J D E B C E L X A Á
I L Z V S L U A S A I D L P
R B V Y K N E X M W R J Ó L
S I E M A L L E T A U F I A
E R A Z O R R O T H I O R C
G V M S S T Á P L Ó I R L H
S E M C K C A W R I U V Í A
I G D I W A Á S C R I Ú G L
O W Z A J S P B U Ó O O O E
S W B N S Ú L V L U A B C Ó
Ú Y E O E R G R R A D B K Q
R A I H W J M B C F P R N A
```

AX	TÉAD
CÁBLA	RIALÓIR
GLIÚ	SIOSÚR
CASÚR	SCRIÚ
SCIAN	SLUASAID
DRÉIMIRE	STÁPLACHA
MALLET	STÁPLÓIR
GREAMAIRÍ	TÓIRSE
RAZOR	ROTH

27 - Restaurant #2

```
T  G  A  O  Ó  U  N  P  O  Q  C  I  D  U
M  O  N  D  I  N  N  É  A  R  A  A  E  I
X  Y  R  I  O  G  I  U  N  T  T  S  L  B
C  A  A  T  C  I  H  X  Ú  G  H  C  I  H
A  Y  I  N  H  S  S  E  D  J  A  S  C  E
C  M  T  F  G  A  P  H  A  B  O  A  I  A
X  H  H  M  A  L  Í  W  I  R  I  I  O  C
B  T  G  A  G  A  O  Q  L  C  R  L  U  H
X  D  N  I  L  N  S  L  Ó  N  L  É  S  A
Q  E  E  J  A  N  R  L  D  Ó  E  A  G  D
F  R  E  A  S  T  A  L  A  Í  A  D  L  W
U  E  F  O  R  C  Í  S  T  E  C  O  N  J
T  O  B  M  A  U  I  S  C  E  H  R  Q  C
R  D  Ó  Q  Í  A  H  Q  S  P  Ú  N  Ó  G
```

DÍ	LÓN
CÍSTE	NÚDAIL
CATHAOIRLEACH	SAILÉAD
DELICIOUS	SALANN
DINNÉAR	ANRAITH
UIBHEACHA	SPÍOSRAÍ
IASC	SPÚNÓG
FORC	GLASRAÍ
TORTHAÍ	FREASTALAÍ
OIGHEAR	UISCE

28 - Geology

```
C C D C O R A L G G M T T E
I R I S A L A N N R Ó I B N
O V E S L V Y W O I R M U Ó
N J I I E Ó E W N A R T V Z
T A Q O M A K R H N O H L J
A W I X T E L P N C I R A T
I Z A I G É A D V H N I V T
S G E Y S E R D W L N A A Y
E M I A N R A Í H O G L L B
C R I O S T A I L C Y L V O
L P L A T E A U R H R T V L
O C R I T H T A L Ú N A I C
C Q Y H L C A I L C I A M Á
H S T A L A C T I T E V T N
```

AIGÉAD	GEYSER
CAILCIAM	LAVA
CAVERN	CISEAL
MÓR-ROINN	MIANRAÍ
CORAL	PLATEAU
CRIOSTAIL	GRIANCHLOCH
TIMTHRIALLTA	SALANN
CRITH TALÚN	STALACTITE
CREIMEADH	CLOCH
IONTAISE	BOLCÁN

29 - House

T E S U V N B Ó L Z Q L V B
Ó Q Ó E E U A X D A J S N R
D R F U O U O O O L M B H O
P T A B F M T T R J O P I O
L E A B H A R L A N N P A M
G J T V V I O A S H B X C S
M Z T Y A P S V U W A D I C
O Q I A D U C I T H L Í S Á
R P C C A F Á L Ó C L O T T
K W Y U P A N V U C A N I H
G A I R D Í N N Ó U V T N Á
D A Q L E O C H R A C H A N
Z V J Á T E A L L A C H J R
C U I R T Í N Í U X E I W F

ATTIC	EOCHRACHA
BROOM	CISTIN
CUIRTÍNÍ	LAMPA
DORAS	LEABHARLANN
FÁL	SCÁTHÁN
TEALLACH	DÍON
URLÁR	SEOMRA
TROSCÁN	CITH
GAIRDÍN	BALLA

30 - School #1

```
L  F  I  L  L  T  E  Á  I  N  B  A  F  X
Ó  E  S  C  R  Ú  D  U  I  T  H  E  R  Q
N  S  A  I  B  Í  T  I  R  D  J  M  E  E
L  V  P  B  D  H  Z  D  N  E  M  I  A  U
Q  E  L  R  H  S  U  B  L  A  X  M  G  I
B  O  A  C  A  A  L  Y  X  S  L  G  R  M
M  B  E  B  T  O  R  L  D  C  V  K  A  H
W  T  S  F  H  G  I  L  Q  B  L  P  Í  R
P  Á  I  P  É  A  R  G  A  I  C  I  X  E
J  Q  D  M  V  N  I  A  Y  N  K  N  B  A
M  A  T  H  F  X  O  R  M  S  N  N  K  C
C  A  T  H  A  O  I  R  L  E  A  C  H  H
E  M  A  R  C  Ó  I  R  Í  V  Q  Ó  S  A
P  E  A  N  N  L  U  A  I  D  H  E  V  V
```

AIBÍTIR

FREAGRAÍ

LEABHAIR

CATHAOIRLEACH

DEASC

SCRÚDUITHE

FILLTEÁIN

SPRAOI

LEABHARLANN

LÓN

MARCÓIRÍ

MATH

UIMHREACHA

PÁIPÉAR

PEANN LUAIDHE

PINN

31 - Dance

```
C K S C S T A I D I Ú I R F
O E G L U A I S E A C H T Í
M M L V J L C E O L É I M S
H O I F P A T Ó S S Q S S E
L T T W K G U Ú Ó L Ó S L Á
A I J X V A W G R A C E Z N
C O O A Ó C U L T Ú R T H A
H N I O N A D A I T H E Ó S
T T R A I D I S I Ú N T A T
R Q V C E A L A Í N Y D M K
T O S C O M H P H Á I R T Í
X G F H L H H B A L O W R G
C L A S A I C E A C H D W E
R I T H I M Ó L I N D G T V
```

ACADAMH
EALAÍN
COMHLACHT
CLASAICEACH
CULTÚRTHA
CULTÚR
EMOTION
IONADAITHE
GRACE

LÉIM
GLUAISEACHT
CEOL
COMHPHÁIRTÍ
STAIDIÚIR
RITHIM
TRAIDISIÚNTA
FÍSEÁN

32 - Colors

```
B R O W N C G F U C H S I A
S E P I A C O O R Á I S T E
B N I M V Y R R R O P J U A
L Q B G J A M K C S P S J Z
V V Á Q E N R N X R D B N U
I I N D I G O G T U A U A R
O K E E M A G E N T A Í B E
L G E A L T R T T A Ó F Á H
E P K R G L A S S H G C N H
T K G G R Y Y J H K R I D D
V G M S V Y E D U Y E B E Ó
T O O I Ó H Y X X W V E A S
W X E Y K J X W R A I O R Ó
X N Z L L U N E M K Y V G C
```

AZURE	MAGENTA
BEIGE	ORÁISTE
DUBH	BÁNDEARG
GORM	CORCRA
BROWN	DEARG
CYAN	SEPIA
FUCHSIA	VIOLET
GLAS	BÁN
GRAY	BUÍ
INDIGO	

33 - Climbing

```
D Y P X P C Z U F X B G C C
A Ú X L Á M H A I N N Í L O
P I S S A I N E O L A Í O B
I T R H Ó L C B S A T D G H
S G D D L Ó G T R T R P A S
Y B W K E Á P E A M E F D A
F G W B A U I Y C A O L O Í
H W W D I I T N H I R Y I O
B U A T A I S Í T S A Ó L C
L É A R S C Á I L F C P I H
F Y Q I A O L W Y É H N Ú T
X W X O M J Z I Z A A Z I C
B Z N O S H R C Z R N Z N X
N E A R T Í R R A O N G T G
```

AIRDE	TREORACHA
ATMAISFÉAR	CLOGAD
BUATAISÍ	LÉARSCÁIL
UAIMH	CAOL
DÚSHLÁIN	COBHSAÍOCHT
FIOSRACHT	NEART
SAINEOLAÍ	TÍR-RAON
LÁMHAINNÍ	OILIÚINT

34 - Shapes

```
O  W  L  H  Y  P  E  R  B  O  L  A  P  S
S  A  Í  Ó  U  W  R  V  C  K  N  R  O  F
X  Ó  N  Z  V  D  P  C  Ó  I  X  C  L  Q
S  C  E  A  R  N  Ó  G  N  E  Ú  L  A  Y
D  R  O  N  U  I  L  L  E  O  G  B  G  B
T  S  C  C  G  N  N  B  O  K  N  Y  Á  T
J  K  P  I  R  I  M  I  D  V  B  X  N  R
T  J  E  L  L  I  P  S  E  T  A  J  E  I
H  C  I  M  I  L  L  F  O  G  W  L  V  A
C  U  A  R  G  H  H  É  P  R  I  S  M  N
C  Ú  I  N  N  E  H  A  A  G  C  A  I  T
K  I  C  A  U  K  G  R  S  H  B  Ó  F  Á
Q  D  E  Ó  J  C  I  O  R  C  A  L  I  N
F  U  T  L  I  E  G  E  T  A  O  B  H  R
```

ARC	LÍNE
CIORCAL	OVAL
CÓN	POLAGÁN
CÚINNE	PRISM
CIÚB	PIRIMID
CUAR	DRONUILLEOG
SORCÓIR	TAOBH
IMILL	SFÉAR
ELLIPSE	CEARNÓG
HYPERBOLA	TRIANTÁN

35 - Scientific Disciplines

```
T  É  I  C  E  O  L  A  Í  O  C  H  T  S
G  E  O  L  A  Í  O  C  H  T  K  W  I  E
S  F  I  S  E  O  L  A  Í  O  C  H  T  A
D  E  G  R  R  O  H  X  W  R  O  M  A  N
T  T  K  A  M  F  L  R  T  Ó  T  I  V  D
H  V  C  U  K  I  I  C  L  B  H  A  R  Á
Q  X  V  Z  B  S  D  E  F  A  Ú  N  T  L
M  E  I  C  N  I  C  I  Ó  T  C  A  R  A
E  H  G  T  R  C  T  M  N  A  I  C  I  Í
B  I  T  H  C  H  E  I  M  I  C  H  X  O
L  T  H  G  F  V  Ó  C  S  C  M  J  M  C
K  I  N  E  S  I  O  L  O  G  Y  I  J  H
S  Í  C  E  O  L  A  Í  O  C  H  T  C  T
S  O  C  H  E  O  L  A  Í  O  C  H  T  B
```

SEANDÁLAÍOCHT	COTHÚ
BITHCHEIMIC	FISIC
CEIMIC	FISEOLAÍOCHT
ÉICEOLAÍOCHT	SÍCEOLAÍOCHT
GEOLAÍOCHT	RÓBATAIC
KINESIOLOGY	SOCHEOLAÍOCHT
MEICNIC	TEIRMIDINIMIC
MIANACH	

36 - School #2

```
L  B  B  A  C  K  P  A  C  K  L  G  V  E
L  T  U  M  Ú  I  N  T  E  O  I  R  L  Q
U  E  Ó  S  O  K  V  F  S  I  T  A  E  S
C  O  A  F  O  C  L  Ó  I  R  R  M  A  O
Ó  L  L  B  C  L  U  I  C  H  Í  A  B  L
P  A  T  I  H  Y  T  W  A  E  O  D  H  Á
R  Í  O  M  H  A  I  R  E  O  C  A  A  T
T  O  Q  O  S  E  R  S  E  G  H  C  I  H
A  C  A  D  Ú  I  L  L  I  Q  T  H  R  A
T  H  V  A  F  E  S  W  A  O  G  I  R  I
Z  T  S  C  R  I  O  S  Á  N  S  F  T  R
F  É  I  L  I  R  E  E  L  E  N  Ú  Ó  T
P  E  A  N  N  L  U  A  I  D  H  E  R  Í
T  B  Q  O  Q  O  I  D  E  A  C  H  A  S
```

ACADÚIL	CLUICHÍ
BACKPACK	GRAMADACH
LEABHAIR	LEABHARLANN
BUS	LITRÍOCHT
FÉILIRE	PEANN LUAIDHE
RÍOMHAIRE	EOLAÍOCHT
FOCLÓIR	SIOSÚR
OIDEACHAS	SOLÁTHAIRTÍ
SCRIOSÁN	MÚINTEOIR

37 - Science

```
T P É A B H L Ó I D W C E S
U U L A E R W V O I H Á F A
R C W A N Á D Ú R O R I I O
G E H K N P E S G N J T S T
N I P I I D X Q Á T Q H I H
A M N A P H A E N A M N C A
M I D S R I T Í A I I Í E R
H C V O T I T T C S A N O L
Z E J N Q I R É H E N Í L A
H A E R Á I D E I F R D A N
W C R A A Q M B H S A L Í N
T H T Í W P O M Ó F Í R I C
D A D A M H D M Ó I L Í N Í
C K I D F N H G Ó G Y D H O
```

ADAMH
CEIMICEACH
AERÁIDE
SONRAÍ
ÉABHLÓID
TURGNAMH
FÍRIC
IONTAISE
HIPITÉIS
SAOTHARLANN

MODH
MIANRAÍ
MÓILÍNÍ
NÁDÚR
ORGÁNACH
CÁITHNÍNÍ
FISIC
PLANDAÍ
EOLAÍ

38 - To Fill

```
S  X  U  B  F  P  E  O  U  V  X  F  B  L
I  F  J  U  Y  J  A  R  W  V  V  B  O  X
D  Ó  K  I  M  U  C  I  S  E  Á  N  S  W
T  S  L  C  R  A  T  E  C  V  S  Q  C  A
B  O  T  É  Y  B  U  I  D  É  A  L  A  V
P  I  A  A  C  A  R  T  O  N  A  D  H  T
T  T  R  D  X  F  I  Y  H  M  H  D  Q  R
U  H  R  D  X  I  P  Q  P  C  G  P  F  Á
B  E  A  Ó  P  L  T  Ó  Ó  V  W  J  Y  I
B  A  I  R  I  L  L  E  C  M  C  B  K  D
Y  C  C  Z  Q  T  F  E  A  D  Á  N  E  I
E  H  E  P  Ó  E  Z  Y  Ó  V  B  L  I  R
I  W  Á  Z  B  Á  Ó  I  M  V  F  E  A  E
C  S  N  S  V  N  S  U  I  T  C  A  S  E
```

MÁLA	JAR
BAIRILLE	PAICÉAD
CISEÁN	PÓCA
BUIDÉAL	SUITCASE
BOSCA	TRÁIDIRE
BUICÉAD	TUB
CARTON	FEADÁN
CRATE	VÁSA
TARRAICEÁN	SOITHEACH
FILLTEÁN	

39 - Summer

```
B I A U M M G U S C C B C F
A O P B D S A N D A L S E A
D P P F H Y I T J M U Z O R
S Á T H A S R A I P I S L R
R C V R Z E D I E Á C D T A
C É Í K Á X Í S M I H U E I
T I A T Q E N T C L Í O A G
L K T L H F F E U E K F G E
V P A K T E Ó A X A Q Ó H Z
R W R S N A O L Ó B A I L E
D F Ó I L L Í O C H T A A A
O H M L W R N D A A R B I Q
A Q X Z H N J L A I Z W G Z
Ó B W Ó I Z W H D R R F H Ó
```

TRÁ
LEABHAIR
CAMPÁIL
TEAGHLAIGH
BIA
CLUICHÍ
GAIRDÍN
BAILE

ÁTHAS
FÓILLÍOCHT
CEOL
SCÍTHE
SANDALS
FARRAIGE
RÉALTAÍ
TAISTEAL

40 - Clothes

```
A B P S L S J E A N S W P N
B L Ú S Á E A N O M E M A A
V C E V M O C Ó T A O I N P
S R H Q H D K P V U F V T R
I I S Y A R E B A H N W S Ú
K O H R I A T S R J A Q J N
F S G Ú N A R Y R Ó A T Z V
A C L P N P S B N M G M A K
I A É Y Í S A N D A L S A P
S I I S C I O R T A D V B S
E R N B R A C E L E T Q K I
A F E G E A N S A Í L T L L
N K B B C I J M S X E R C Q
X P U Ó N Q W C W G B I X D
```

NAPRÚN	JEANS
CRIOS	SEODRA
BLÚS	PAJAMAS
BRACELET	PANTS
CÓTA	SANDALS
GÚNA	SCAIRF
FAISEAN	LÉINE
LÁMHAINNÍ	BRÓG
HATA	SCIORTA
JACKET	GEANSAÍ

41 - Insects

```
A  P  H  I  D  P  P  O  A  K  E  P  N  M
N  X  F  G  W  B  C  C  I  A  R  Ó  G  O
T  G  Y  É  F  F  C  V  I  S  F  X  H  S
C  R  S  F  I  F  F  L  O  C  U  S  T  Q
M  A  C  U  C  L  X  D  O  B  A  P  Z  U
A  S  Z  G  Q  A  E  R  N  Y  I  D  L  I
N  S  L  S  S  R  L  A  O  M  G  N  A  T
T  H  U  A  Z  V  H  G  C  Z  G  A  D  O
I  O  Ó  M  A  A  A  O  H  Á  N  E  Y  E
S  P  F  L  E  A  O  N  R  Y  N  O  B  D
Z  P  O  Z  G  E  V  F  Z  N  S  I  U  D
A  E  B  O  I  W  H  L  R  N  E  D  G  J
E  R  E  W  O  R  M  Y  S  G  L  T  Q  Ó
Ó  Y  E  X  T  E  R  M  I  T  E  E  I  T
```

ANT	HORNET
APHID	LADYBUG
BEE	LARVA
CIARÓG	LOCUST
FÉILEACÁN	MANTIS
CICADA	MOSQUITO
DRAGONFLY	TERMITE
FLEA	BAP
GNAT	WORM
GRASSHOPPER	

42 - Astronomy

```
N M E T E O R E Q U I N O X
C E G H L A É O S E I J D E
O R B S N A A R C L F R O C
S A S U P S L É É K J A M L
M D A P L T T A R A E X H I
O A T E A A B L É P L T A P
S Í A R N R H T A U V T N S
K O I N E Ó U E D C W Ó R E
Y C L O T I Í O L C S L K A
L H Í V W D O L A B Y X R H
N T T A V E N A N Q E J X C
J X E Ó Y A S Í N A T Q L R
Z R X I K C G E A L A C H E
W S G R A H S P Á S A I R E
```

ASTARÓIDEACH
SPÁSAIRE
RÉALTEOLAÍ
RÉALTBHUÍON
COSMOS
DOMHAN
ECLIPSE
EQUINOX
RÉALTRA
METEOR

GEALACH
NEBULA
RÉADLANN
PLANET
RADAÍOCHT
ROCKET
SATAILÍTE
SKY
SUPERNOVA

43 - Pirates

```
G T L R X R S R G M B Y S Y
W A C É M G C O U A I M H B
Y Z R U A W A T U M S B D R
O F I C F R R Ó I R W O U A
L I Ú Y S V S L X U O I C T
C N L O J K T C X N R N O A
T S T E L H Ó T Á R D N N C
C C T U Á C R S Z I L M T H
A É Ó A F N T U L V L H Ú T
P A R R O T W H E Y D Z I T
T L Z A L O G U R A U G R A
A E A C H T R A Í O C H T A
E A U L G R A N C A I R E H
N C O M P Á S A Z X B Q V I
```

EACHTRAÍOCHTA   BRATACH
ANCAIRE   ÓIR
OLC   OILEÁN
TRÁ   FINSCÉAL
CAPTAEN   LÉARSCÁIL
UAIMH   PARROT
BOINN   RUM
COMPÁS   SCAR
CRIÚ   SWORD
CONTÚIRT   STÓR

44 - Time

```
E N M M T B L I A I N I W Y
N Ó I M É A D P C J H N K J
U M T O D H C H A Í B N W G
D E Í K B L I A N T Ú I L J
W Á P G I G M Q T K I U K C
C N N F W R O I M H A O I S
Ó L Á N E E Í L V Q G C C C
T A R É I S C I U B O L G B
E E Y T Z X H S N A N O I S
M A I D I N E J C N T G G K
F É I L I R E J P Ó É H O Q
D E I C H M B L I A N A D B
Q B I W S E A C H T A I N C
B D Q X N W N W U N X S C D
```

TAR ÉIS	MÍ
BLIANTÚIL	MAIDIN
ROIMH	OÍCHE
FÉILIRE	MEÁN LAE
HAOIS	ANOIS
CLOG	GO LUATH
LÁ	INNIU
DEICH MBLIANA	SEACHTAIN
TODHCHAÍ	BLIAIN
NÓIMÉAD	INNÉ

45 - Buildings

```
S  Ó  Á  Ó  D  E  B  V  N  O  C  R  A  O
C  T  R  I  Z  J  E  X  D  S  Á  É  M  L
O  C  A  I  S  L  E  Á  N  P  B  A  B  L
I  B  S  I  L  F  Y  L  P  I  Á  D  A  M
L  R  Á  T  D  E  N  J  I  D  N  L  S  H
A  Ú  N  E  Ú  I  G  F  C  É  K  A  Á  A
F  X  V  D  P  R  A  A  T  A  O  N  I  R
B  A  R  N  J  U  C  M  I  L  O  N  D  G
M  Ó  S  T  Á  N  B  U  Ú  M  I  X  B  A
Ú  C  S  A  O  T  H  A  R  L  A  N  N  D
S  H  A  M  H  A  R  C  L  A  N  N  S  H
A  T  C  A  F  P  J  J  A  L  R  R  I  Y
E  X  S  J  D  V  M  O  N  A  R  C  H  A
M  K  O  Q  A  X  D  X  N  E  Z  L  W  Ó
```

ÁRASÁN	SAOTHARLANN
BARN	MÚSAEM
CÁBÁN	RÉADLANN
CAISLEÁN	SCOIL
PICTIÚRLANN	STAIDIAM
AMBASÁID	OLLMHARGADH
MONARCHA	PUBALL
OSPIDÉAL	AMHARCLANN
BRÚ	TÚR
ÓSTÁN	

46 - Herbalism

```
I  S  M  F  T  G  O  G  J  G  B  P  C  C
N  A  A  H  E  A  P  P  E  N  A  L  Ó  O
Z  F  R  B  M  N  I  G  L  A  S  A  C  M
G  F  J  L  M  H  N  R  Z  F  I  N  A  H
A  R  O  Á  I  A  Z  E  B  R  L  D  I  Á
I  O  R  T  N  P  D  O  L  H  O  A  R  B
R  N  A  H  T  Ó  E  L  P  Y  E  Í  E  H
L  S  M  I  Ó  Z  Y  I  M  P  N  A  A  A
E  O  R  E  G  A  N  O  R  X  E  G  C  R
O  B  L  A  S  H  S  V  A  S  R  F  H  H
G  A  I  R  D  Í  N  C  R  Z  I  S  T  Z
A  R  A  M  A  T  A  C  H  A  O  L  A  U
L  A  V  E  N  D  E  R  Ó  Y  W  P  T  X
R  O  S  E  M  A  R  Y  U  F  F  M  D  W
```

ARAMATACHA
BASIL
TAIRBHEACH
CÓCAIREACHTA
FENNEL
BLAS
BLÁTH
GAIRDÍN
GAIRLEOG
GLAS

COMHÁBHAR
LAVENDER
MARJORAM
MINT
OREGANO
PEIRSIL
PLANDAÍ
ROSEMARY
SAFFRON

47 - Toys

```
L D O L L N U Ó L Z A R R P
E C F O T V C A R R K O K É
A T R U C K E R O B O T V I
B B Á D S C A Z I A S H H N
H H B H A Ó R E B Á L A L T
A W H U M Ó D C I L I R B E
I F I C H E A L L T N N J A
R Q J W L B Í U H G L T K N
D R U M A Í O I I K H E P N
Ó L B B Í U C C R É I W Á A
Ó N H P O D H H J F T T W N
U N G S C X T Í O B W Y E C
X D R H H X Q W I R X G N D
G L I A T H R Ó I D Z Y Z Y
```

EITLEÁN	CRIÁIN
LIATHRÓID	DOLL
ROTHAR	DRUMAÍ
BÁD	CLUICHÍ
LEABHAIR	SAMHLAÍOCHT
CARR	KITE
FICHEALL	PÉINTEANNA
CRÉ	ROBOT
CEARDAÍOCHT	TRUCK

48 - Vehicles

```
Y  Ó  T  Y  M  O  U  R  C  I  M  S  L  S
R  U  R  K  Ó  O  U  J  O  P  Q  U  E  C
D  Ó  U  Y  T  K  Y  R  I  T  O  B  T  O
C  S  C  I  A  A  U  F  N  V  H  M  S  O
K  A  K  H  R  E  R  Z  N  F  R  A  F  T
F  E  R  R  Y  U  G  R  E  Q  I  R  R  E
T  F  O  B  H  E  A  L  A  C  H  I  H  R
A  G  S  U  H  Y  O  I  L  C  B  N  V  E
C  I  H  S  B  Á  D  J  L  A  Ó  E  Ó  I
S  N  J  B  O  I  N  N  M  R  U  I  D  T
A  O  T  H  A  R  C  H  A  R  R  G  R  L
Í  P  F  R  O  C  K  E  T  G  E  K  S  E
H  É  I  L  E  A  C  A  P  T  A  R  N  Á
G  X  O  T  Z  P  Ó  Ó  H  B  B  T  E  N
```

EITLEÁN	MÓTAR
OTHARCHARR	RAFT
ROTHAR	ROCKET
BÁD	SCOOTER
BUS	SUBMARINE
CARR	FOBHEALACH
CARBHÁN	TACSAÍ
INNEALL	BOINN
FERRY	TARRACÓIR
HÉILEACAPTAR	TRUCK

49 - Flowers

```
J  L  B  Ú  L  L  O  I  R  D  L  P  C  G
M  A  G  N  O  L  I  A  J  D  U  E  A  A
T  V  P  E  T  A  L  W  K  A  S  O  L  R
F  E  I  P  O  P  P  Y  H  N  N  N  E  D
L  N  H  L  O  Y  D  B  L  D  A  Y  N  E
Q  D  A  I  S  Y  B  E  I  E  G  T  D  N
E  E  R  N  B  A  J  V  L  L  R  I  U  I
L  R  P  Z  P  I  A  L  Y  I  É  Ú  L  A
T  I  V  T  H  J  S  J  K  O  I  I  A  S
M  Q  L  K  A  X  M  C  R  N  N  L  C  D
U  S  E  A  M  A  I  R  U  D  E  I  V  Q
J  K  E  F  C  L  N  Q  P  S  P  P  K  Y
Z  B  O  U  Q  U  E  T  S  Ó  L  I  E  X
P  L  U  M  E  R  I  A  A  L  O  M  X  U
```

BOUQUET	LILY
CALENDULA	MAGNOLIA
SEAMAIR	ÚLLOIRD
DAISY	PEONY
DANDELION	PETAL
GARDENIA	PLUMERIA
HIBISCUS	POPPY
JASMINE	LUS NA GRÉINE
LAVENDER	TIÚILIP
LILAC	

50 - Town

```
A Z G A E R F O R T I C B U
A N G L S Q O L J X K W Á I
M G M E I V L D O Q W K C P
H J B A N C L P Q R R D Ú D
A S K B R S M W Ó C I K S S
R B G H Q G H Z Q C G S H I
C Ó G A S L A N N L A T T O
L Y O R C N R D G I I A M P
A F G L O Z G H H N L I B A
N B B A I Ú A A N I E D D S
N B B N L R D V M C A I S G
H L M N C S H S T P R A X K
M Ú S A E M J F Y C A M X T
Ó S T Á N W K R T V Í G Y U
```

AERFORT
BÁCÚS
BANC
CLINIC
FLORIST
GAILEARAÍ
ÓSTÁN
LEABHARLANN
AN MARGADH

MÚSAEM
CÓGASLANN
SCOIL
STAIDIAM
SIOPA
OLLMHARGADH
AMHARCLANN
ZÚ

51 - Antarctica

```
T  T  A  I  G  H  D  E  O  I  R  U  M  O
A  E  R  Ó  V  Z  T  P  G  V  M  I  Í  I
Y  C  O  M  H  S  H  A  O  L  Ó  S  N  L
M  X  C  C  I  W  S  B  Z  T  R  C  I  E
E  N  K  F  H  R  Q  G  X  H  R  E  Ú  Á
C  L  Y  A  O  T  Q  K  X  C  O  Q  B  I
N  D  E  E  X  P  E  D  I  T  I  O  N  N
B  R  M  I  A  N  R  A  Í  K  N  S  L  E
C  Á  T  J  T  D  U  J  C  I  N  D  W  X
O  E  R  N  V  H  P  E  N  G  U  I  N  S
V  S  C  A  M  A  I  L  L  C  Ó  X  Ó  N
E  M  X  Y  M  C  F  N  L  N  Ó  T  T  Ó
C  A  O  M  H  N  Ú  O  I  G  H  E  A  R
E  O  L  A  Í  O  C  H  J  S  É  I  N  F
```

BÁ	MÍNIÚ
ÉIN	MIANRAÍ
SCAMAILL	PENGUINS
CAOMHNÚ	LEITHINIS
MÓR-ROINN	TAIGHDEOIR
COVE	ROCKY
COMHSHAOL	EOLAÍOCH
EXPEDITION	TEOCHT
OIGHEAR	UISCE
OILEÁIN	

52 - Ballet

```
S  C  E  Z  T  J  M  G  E  S  T  U  R  E
T  C  E  F  Z  B  A  L  L  E  R  I  N  A
Í  U  T  O  P  C  T  B  J  M  K  X  T  I
L  M  S  C  L  E  Á  J  I  Z  I  U  E  O
B  A  Y  Y  E  A  I  R  I  Q  C  C  I  N
R  D  E  L  H  C  N  G  I  X  U  V  C  A
I  Ó  D  R  R  H  Ó  R  Ó  T  N  H  N  D
N  I  H  É  P  T  R  A  Z  F  H  L  Í  A
C  R  R  S  I  A  I  C  N  O  W  I  C  I
E  A  L  A  Í  N  E  E  S  C  I  L  M  T
O  V  F  X  F  N  E  F  O  W  K  U  B  H
I  D  N  W  P  A  W  U  L  A  M  O  M  E
R  V  D  Y  F  A  D  L  O  L  R  A  Y  Q
Í  C  E  O  L  F  H  O  I  R  E  A  N  N
```

EALAÍNE

BALLERINA

CUMADÓIR

RINCEOIRÍ

IONADAITHE

GESTURE

GRACEFUL

DÉINE

CEACHTANNA

MATÁIN

CEOL

CEOLFHOIREANN

RITHIM

SCIL

SOLO

STÍL

TEICNÍC

53 - Human Body

```
U  R  Ó  T  Ó  N  C  O  S  J  L  N  R  I
E  D  G  L  O  Ó  T  E  C  R  O  Í  Ú  D
I  V  L  M  G  U  A  L  A  I  N  N  I  C
M  N  C  N  Á  M  H  A  G  N  R  G  T  L
K  N  C  M  J  R  Z  O  H  K  N  J  Í  U
J  A  W  H  M  A  V  W  A  W  I  K  N  A
B  T  D  I  I  U  F  I  I  Ó  L  C  L  I
B  I  A  J  S  N  I  O  D  W  Á  Y  P  S
Z  A  D  G  Ó  E  N  N  H  S  M  I  G  E
G  L  Ú  I  N  D  G  X  E  G  H  J  L  L
C  K  Ó  W  S  T  E  B  X  Á  Z  O  M  B
B  É  A  L  Z  W  R  N  Ó  Ó  L  F  H  O
L  C  R  A  I  C  E  A  N  N  P  Y  C  W
R  P  G  I  W  T  V  P  V  C  S  R  Ó  N
```

RÚITÍN	CEANN
BIA	CROÍ
CNÁMHA	JAW
INCHINN	GLÚIN
SMIG	COS
CLUAISE	BÉAL
ELBOW	MUINEÁL
AGHAIDH	SRÓN
FINGER	GUALAINN
LÁMH	CRAICEANN

54 - Musical Instruments

```
F  C  N  A  G  U  I  R  L  I  S  Í  W  G
T  W  C  L  Á  I  R  S  E  A  C  H  G  I
C  E  L  L  O  X  X  M  V  B  D  M  F  O
H  L  S  M  A  R  I  M  B  A  A  A  U  T
I  T  A  M  B  O  U  R  I  N  E  N  Ó  Á
M  F  X  R  T  R  U  M  P  A  R  D  J  R
E  L  O  D  I  P  I  A  N  Ó  B  O  T  O
S  I  P  R  X  N  O  C  W  M  A  L  R  A
A  Ú  H  T  I  Z  E  K  F  R  S  I  O  O
O  I  O  J  O  M  Q  T  T  S  S  N  M  G
T  T  N  Z  C  V  O  O  J  G  O  G  B  F
X  V  E  I  D  H  L  Í  N  Y  O  F  O  E
O  B  O  E  V  Y  H  R  S  G  N  D  N  P
G  O  N  G  M  T  B  D  R  O  I  M  E  K
```

BANJO	MANDOLIN
BASSOON	MARIMBA
CELLO	OBOE
CHIMES	CNAGUIRLISÍ
CLARINET	PIANÓ
DROIM	SAXOPHONE
FLIÚIT	TAMBOURINE
GONG	TROMBONE
GIOTÁR	TRUMPA
CLÁIRSEACH	VEIDHLÍN

55 - Cooking Tools

```
C S C E A N R A S L S C F R
O O B T I Q N G O R K Y I T
L R U R B G C O D J K F K V
A N T E I R M I M É A D A R
N C S K S A H C F O R C O U
D U P D P T J U L Q K L I U
E I A P Ú E R M S O R Ú G W
R S T L N R S A C Z E D H D
Ó N U A Ó K P S I H G A E Q
O E L P G T M C A N C C A Y
T O A S T E R Ó N K E H N J
D I U W D S S I O S Ú R N M
N R W M K J E R C I T E A L
J Q Y E K D P H E N R J U Ó
```

CUMASCÓIR	CUISNEOIR
COLANDER	SIOSÚR
SCEANRA	SPATULA
FORC	SPÚNÓG
GRATER	SORN
CITEAL	STRAINER
SCIAN	TEIRMIMÉADAR
CLÚDACH	TOASTER
OIGHEANN	

56 - Fruit

```
F I G V W P K O U M L E S O
K U I O G L I P I O R R A U
B W C X L B W N B A N A N A
A V Y G M X I C E N T V Q X
O O Y I U S Ú C R A O B H W
E N F Ó A A U F R V P Y N H
C E V Ó W E V O Y O C P J V
N C A P P L E A M C H K L O
Ó T S T M B G D A A E P E E
C A I B R E O G N D R E M W
Ó R Q F R G L Q G O R Ó O T
C I X T U L H O O O Y S N Q
Ó N P A P A Y A N V Q O K C
P E A C H F Í O N C H A O R
```

APPLE
AIBREOG
AVOCADO
BANANA
BERRY
CHERRY
CNÓ CÓCÓ
FIG
FÍONCHAOR
GUAVA

KIWI
LEMON
MANGO
MELON
NECTARINE
PAPAYA
PEACH
PIORRA
PINEAPPLE
SÚ CRAOBH

57 - Virtues #1

```
R F B I E M G S V W N V É C
S L I O N T A O F A E N I A
P A I S E A N T A U A Ó F B
M I M N B W S H F Z M G E H
E T F H G X U A A R H G A R
A H W G L M O R I W S R C A
S I I J A A A W N H P E H C
A Ú S Y N C Í I B J L A T H
R I E X P Y L O T O E N A B
T L T A L A M H C H Á N C N
H E A L A Í N E P H C M H R
A A I S T E A C H M H H S O
Q L C I N N T I T H E A C H
B M U I N Í N E A C H R H I
```

EALAÍNE	MAITH
TALAMH	CABHRACH
GLAN	SAMHLAÍOCH
MUINÍNEACH	NEAMHSPLEÁCH
AISTEACH	MEASARTHA
CINNTITHEACH	PAISEANTA
ÉIFEACHTACH	OTHAR
GREANNMHAR	IONTAOFA
FLAITHIÚIL	WISE

58 - Kitchen

```
C H O P S T I C K S D T C C
M R B H C F O R K S R Ó U B
Ó B T W C R Ú I S C Í N I B
N S P Ú I N S E D K Z J S O
C A W O I A P W S E U A N W
R I P G E P Í M C G A R E L
G F T K B R O G E S W S O O
R X R E I Ú S L A D L E I I
I B I C A N R T N Z W W R G
L I D U D L A Q A K S P P H
L A T P E Z Í P C A F F H E
Y V A Á U T B Ó E R X Q S A
R E O I T E O I R T Q E O N
Y G F N S P Ú N Ó G A X V N
```

NAPRÚN   CITEAL
BOWL   SCEANA
CHOPSTICKS   LADLE
CUPÁIN   NAPKIN
BIA   OIGHEANN
FORKS   OIDEAS
REOITEOIR   CUISNEOIR
GRILL   SPÍOSRAÍ
JAR   SPÚINSE
CRÚISCÍN   SPÚNÓGA

59 - Art Supplies

```
C  P  A  S  T  A  I  L  S  N  T  O  E  C
Z  É  C  T  Á  V  U  O  J  C  R  É  R  A
H  I  A  R  B  Y  Q  X  H  N  U  H  D  K
G  N  T  G  L  T  P  Á  I  P  É  A  R  C
D  T  H  J  A  C  A  B  H  Z  R  L  B  U
Q  E  A  S  M  A  O  I  N  T  E  D  Q  A
Ó  A  O  S  C  R  I  O  S  Á  N  W  S  G
C  N  I  B  R  F  R  L  I  Q  E  C  R  U
E  N  R  J  I  P  D  A  T  H  A  N  N  A
A  A  L  I  Á  D  Ú  C  H  P  S  O  U  L
M  Ó  E  U  I  S  C  E  O  Ó  E  J  R  A
A  V  A  Y  N  I  X  T  C  G  L  I  Ú  C
R  E  C  A  I  C  R  I  L  E  A  C  H  H
A  K  H  N  C  G  D  A  E  L  Y  N  I  S
```

AICRILEACH	GLIÚ
SCUABA	SMAOINTE
CEAMARA	DÚCH
CATHAOIRLEACH	OLA
GUALACH	PÉINTEANNA
CRÉ	PÁIPÉAR
DATHANNA	PASTAIL
CRIÁIN	TÁBLA
EASEL	UISCE
SCRIOSÁN	

60 - Science Fiction

```
P D D U T O P I A B I D R F
L O Y T N R E H Z V O Y É U
A M A T R A N Z M B N S A T
N H C W R C A L S L T T L U
E A A Z Q L Q D S S A O A R
T N D B N E D C A K C P Í I
L E A B H A I R P M H I O S
R O B O T S Q U P U H A C T
M I S T É I R E A C H A H I
R É A L T R A Q D Z P A C C
I C Q W D I L L U S I O N H
Ú R S C É A L T A K W T G P
Y N Ó A D Ó I T E Á I N I M
J U A O H P L É A S C A D H
```

ADAMHACH
LEABHAIR
DYSTOPIA
PLÉASCADH
IONTACH
DÓITEÁIN
FUTURISTIC
RÉALTRA
ILLUSION

MISTÉIREACH
ÚRSCÉALTA
ORACLE
PLANET
RÉALAÍOCH
ROBOTS
UTOPIA
DOMHAN

61 - Airplanes

```
B  B  K  L  I  Á  I  N  P  P  T  B  E  J
R  H  I  D  R  I  G  I  N  A  I  R  D  E
E  D  K  R  O  T  Ó  G  Á  I  L  T  E  Z
O  D  E  A  R  A  D  H  R  S  S  J  P  O
S  L  I  O  C  H  T  H  F  I  K  M  Ó  J
L  N  E  C  P  X  C  I  N  N  E  A  L  L
A  U  C  N  C  X  I  M  L  É  C  Y  T  D
L  F  H  X  Q  R  D  A  T  I  E  C  A  U
S  E  B  G  D  W  I  O  B  R  B  K  L  D
K  T  B  A  L  Ú  N  Ú  A  Í  N  A  A  M
Y  A  A  T  M  A  I  S  F  É  A  R  M  N
I  I  P  I  A  E  R  A  B  D  B  C  H  M
Q  S  N  S  R  P  Í  O  L  Ó  T  A  C  H
E  A  C  H  T  R  A  Í  O  C  H  T  A  P
```

EACHTRAÍOCHTA	BREOSLA
AER	AIRDE
ATMAISFÉAR	STAIR
BALÚN	HIDRIGIN
TÓGÁIL	TALAMH
CRIÚ	PAISINÉIRÍ
SLIOCHT	PÍOLÓTACH
DEARADH	LIÁIN
TREO	SKY
INNEALL	

62 - Ocean

```
S  F  R  S  T  O  R  M  G  F  W  Z  Q  E
Ó  X  K  Q  A  L  G  A  Í  C  I  P  J  A
H  W  X  T  O  T  L  Z  Q  O  A  L  Ó  S
D  R  T  T  I  V  U  S  H  R  I  M  P  C
T  Ó  O  U  D  R  M  R  V  A  W  M  M  A
O  U  C  I  Í  R  K  N  T  L  A  L  Í  N
N  R  T  N  N  D  E  I  L  F  C  O  N  N
N  E  O  N  H  N  U  Z  L  Y  E  S  L  L
T  E  P  Í  Ó  E  T  I  P  I  A  A  M  L
A  F  U  N  O  A  F  A  R  G  M  L  Ó  Ó
A  Ó  S  P  Ú  I  N  S  E  Y  A  A  R  R
O  K  X  M  C  Z  S  C  S  R  I  N  B  B
Y  P  R  K  U  P  O  R  T  Á  N  N  B  M
U  Y  P  Q  M  V  Ó  R  Í  X  N  J  J  B
```

ALGAÍ	FEAMAINN
CORAL	ROINN
PORTÁN	SHRIMP
DEILF	SPÚINSE
EASCANN	STORM
IASC	TAOIDÍ
OCTOPUS	TUINNÍN
OISRÍ	TURTLE
REEF	TONNTA
SALANN	MÍOL MÓR

63 - Birds

```
T  P  E  L  I  C  A  N  H  X  X  O  E  A
O  X  E  A  L  A  I  A  G  X  D  S  I  V
U  F  L  A  M  I  N  G  O  N  U  T  X  L
C  L  B  C  C  R  O  W  G  É  C  R  O  Y
A  V  X  S  T  O  R  K  B  S  K  I  P  A
N  S  U  S  W  D  C  D  A  W  Y  C  G  C
C  M  B  G  H  L  O  K  U  C  W  H  Q  L
J  U  H  E  R  O  N  V  Y  A  N  P  Z  O
S  P  A  R  R  O  W  P  E  N  G  U  I  N
S  Ó  G  C  X  J  N  A  T  Á  H  I  A  G
I  K  L  S  H  Z  S  R  Q  I  G  Z  T  L
E  A  G  L  E  E  V  R  Ó  L  O  X  E  K
B  C  Y  Y  D  A  J  O  H  Y  X  J  Q  Q
S  I  C  Í  N  Z  J  T  L  C  N  E  W  T
```

CANÁIL
SICÍN
CROW
CUACH
DOVE
DUCK
EAGLE
UBH
FLAMINGO
GÉ

HERON
OSTRICH
PARROT
PEACOCK
PELICAN
PENGUIN
SPARROW
STORK
EALA
TOUCAN

64 - Art

```
L  É  I  R  I  Ú  R  R  V  W  Y  X  H  Ó
Z  P  P  K  K  S  T  X  C  S  D  S  B  B
I  E  I  A  C  N  S  I  M  P  L  Í  U  C
H  A  C  Y  O  F  P  C  A  S  T  A  N  O
F  R  T  C  E  I  R  M  E  A  C  H  A  M
I  S  I  F  H  G  E  A  Q  N  N  E  I  H
L  A  Ú  Í  P  I  A  C  I  P  B  K  D  D
Í  N  I  S  Q  Ú  G  Á  W  N  Á  Q  H  H
O  T  R  E  G  R  I  N  I  Y  B  K  S  É
C  A  X  Á  A  H  Ú  T  C  Q  H  C  I  A
H  Ó  G  N  D  H  M  A  L  Z  A  X  W  N
T  K  A  R  F  C  A  D  C  Q  R  A  D  A
U  Z  E  W  S  U  R  R  E  A  L  I  S  M
S  I  O  M  B  A  I  L  P  Y  L  T  S  H
```

CEIRMEACHA	PICTIÚIR
CASTA	PEARSANTA
COMHDHÉANAMH	FILÍOCHT
LÉIRIÚ	SIMPLÍ
FIGIÚR	ÁBHAR
MACÁNTA	SURREALISM
SPREAG	SIOMBAIL
GIÚMAR	FÍSEÁN
BUNAIDH	

65 - Nutrition

```
J  W  X  U  V  T  O  C  S  A  I  N  L  P
C  G  G  M  N  Ó  S  A  N  N  A  W  E  X
L  Á  Y  Ó  E  W  L  L  V  E  I  F  A  T
M  B  I  S  Q  Ó  Y  O  I  N  S  F  C  W
K  D  Í  L  E  Á  X  R  T  U  T  U  H  S
S  Z  E  P  Í  R  N  I  I  B  E  K  T  Z
C  L  W  R  N  O  X  E  M  S  B  L  A  S
O  M  Á  Ó  A  N  C  S  Í  E  I  T  N  L
T  E  P  I  M  N  Z  H  N  A  A  B  N  O
H  Á  W  T  N  U  L  U  T  R  T  C  A  J
R  C  M  É  Q  T  T  A  I  B  A  I  X  T
O  H  K  I  P  W  E  G  N  H  L  I  W  X
M  A  U  N  I  N  I  T  E  N  P  F  Z  Y
A  N  D  Í  S  L  Á  I  N  T  I  Ú  I  L
```

COTHROM
SEARBH
CALORIES
AISTE BIA
DÍLEÁ
INITE
BLAS
NÓSANNA
SLÁINTE

SLÁINTIÚIL
LEACHTANNA
PRÓITÉINÍ
CÁILÍOCHT
ANLANN
TOCSAIN
VITIMÍN
MEÁCHAN

66 - Hiking

```
N J Y Z A T N C L O C H A T
Ó S M W E U Á Ó N H C K M R
T H T P R I D G A U C A X E
O U U H Á R Ú B W I L D O O
G P A V I S R Y V S L E A R
U H L S D E O L A C K L I A
A T K C E A W R G E Ó H N C
I P Á I R C E A N N A S M H
S L I A B H T R O M Ó U H A
E C A M P Á I L M O H N I O
A L É A R S C Á I L T M T Y
C C N I V G Ó T U L L M H Ú
H A T L M O S Q U I T O E S
A B U A T A I S Í C J Y U A
```

AINMHITHE
BUATAISÍ
CAMPÁIL
AILL
AERÁIDE
TREORACHA
GUAISEACHA
TROM
LÉARSCÁIL
MOSQUITOES

SLIABH
NÁDÚR
PÁIRCEANNA
ULLMHÚ
CLOCHA
SUN
TUIRSEACH
UISCE
WILD

67 - Professions #1

```
E  P  T  A  R  I  N  C  E  O  I  R  P  C
A  A  L  M  M  X  L  A  L  T  R  A  I  A
T  H  G  U  V  B  U  E  W  D  L  S  A  R
U  U  E  A  I  W  A  H  W  L  P  T  N  T
R  N  O  Y  R  M  N  S  Y  Í  T  P  Ó  O
N  T  L  P  É  T  É  O  A  O  A  H  D  G
A  E  A  E  A  I  H  I  N  D  V  C  Ó  R
E  R  Í  T  L  R  P  Ó  R  Ó  Ó  Ó  I  A
S  E  O  L  T  Ó  I  R  I  I  E  I  R  P
B  S  Í  C  E  O  L  A  Í  R  U  S  R  H
C  I  J  D  O  C  H  T  Ú  I  R  T  C  E
K  C  E  O  L  T  Ó  I  R  O  R  E  N  R
U  N  Ó  O  A  J  E  W  E  L  E  R  K  L
E  H  K  S  Í  B  A  I  N  C  É  I  R  U
```

AMBASADÓIR	HUNTER
RÉALTEOLAÍ	JEWELER
ATURNAE	DLÍODÓIR
BAINCÉIR	CEOLTÓIR
CARTOGRAPHER	ALTRA
CÓISTE	PIANÓDÓIR
RINCEOIR	PLUIMÉIR
DOCHTÚIR	SÍCEOLAÍ
EAGARTHÓIR	SEOLTÓIR
GEOLAÍ	

68 - Barbecues

```
D  S  E  B  I  Ó  B  S  C  M  F  D  T  G
O  A  D  D  C  E  H  O  S  D  O  W  Q  O
U  M  X  V  O  L  E  A  N  A  Í  O  C  S
T  H  F  O  Y  Ó  U  D  O  B  T  Y  J  A
O  R  K  O  T  N  K  I  A  C  V  B  G  I
R  A  C  F  R  X  W  N  C  G  R  I  L  L
T  D  B  N  Á  K  L  N  A  H  F  A  A  É
H  H  Z  D  T  A  S  É  H  A  Í  N  S  I
A  S  C  E  A  N  A  A  C  L  K  L  R  D
Í  K  C  Y  Í  W  L  R  E  B  H  A  A  G
R  L  L  P  V  S  A  D  O  K  L  N  Í  X
B  A  R  Y  M  L  N  E  L  E  U  N  D  R
K  X  B  Ó  Y  M  N  S  I  C  Í  N  T  E
A  Ó  Y  L  T  E  A  G  H  L  A  I  G  H
```

SICÍN	OCRAS
LEANAÍ	SCEANA
DINNÉAR	LÓN
TEAGHLAIGH	CEOL
BIA	SAILÉID
FORKS	SALANN
TORTHAÍ	ANLANN
CLUICHÍ	SAMHRADH
GRILL	TRÁTAÍ
TE	GLASRAÍ

69 - Surfing

```
D X F G D N Ó T O N N Ó B E
G X W U P A D D L E X Z U X
I S F Ó M Y D C I A R F N I
Ó Ó Y Q A Ó D C Ú R G D L Y
C I R F R H X S R T R Á E E
H G N M Y B S T L V P Z I P
A S P R A O I Í S U D R B Z
M I L G L I M L G N A H H Q
P U G U M L R F D D C S É A
I V Z É A G Z S W W L P A S
O C U X A I G F Ó H Y R L S
N G A P G N T Ó I R Ó A L M
B D Q X F D R E E F R E M U
O V L Ú T H C H L E A S A Í
```

LÚTHCHLEASAÍ
TRÁ
BUNLEIBHÉAL
CHAMPION
SLUAITE
CÚR
SPRAOI
AIGÉAN
PADDLE

TÓIR
REEF
LUAS
SPRAE
BOILG
NEART
STÍL
TONN

70 - Chocolate

```
C  Á  I  L  Í  O  C  H  T  I  A  G  A  R
A  A  C  J  F  S  A  C  O  I  D  E  A  S
R  N  G  R  U  G  X  O  I  X  C  C  C  E
O  T  C  H  A  C  U  P  N  C  O  A  A  A
M  I  D  H  Z  V  Z  W  V  J  I  N  L  R
A  O  P  M  O  E  I  M  W  C  M  D  O  B
S  X  O  Ú  R  O  Y  N  H  O  H  Y  R  H
M  I  Ó  P  D  G  P  P  G  M  T  C  I  C
I  D  Ú  O  D  A  L  E  D  H  H  N  E  A
L  A  A  C  S  C  R  A  M  Á  Í  Ó  S  C
I  N  G  H  R  G  H  N  W  B  O  C  B  A
S  T  C  T  J  A  W  U  L  H  C  Ó  C  O
Y  Ó  Ó  W  T  T  Ó  T  H  A  H  C  P  O
M  J  G  X  I  B  T  S  A  R  A  Ó  S  C
```

ANTIOXIDANT   COIMHTHÍOCHA
AROMA   COMHÁBHAR
SEARBH   PEANUTS
CACAO   PÚDAR
CALORIES   CÁILÍOCHT
CANDY   OIDEAS
CNÓ CÓCÓ   SIÚCRA
CRAVING   MILIS

71 - Vegetables

```
B T R S P B R O C A I L Í P
A R J O P U Z H H Z V S T E
Q Á P I Ó I M H X K H A O I
G T O L W K O P U F H I R R
A A Q I P C T N K M X L N S
I Í M R Q Ú O O Á I F É A I
R Y E E I C E B G I N A P L
L H G B E A C Á N I S D A Y
E K G J Q M T O S Ó N T V S
O P P R R A I D I S T G E A
G G L X A R T I C H O K E F
S H A L L O T P H S Ó Y B R
O I N N I Ú N E C Ó I L I S
S C T G B K C A I R É A D V
```

ARTICHOKE
BROCAILÍ
CAIRÉAD
CÓILIS
SOILIRE
CÚCAMAR
EGGPLANT
GAIRLEOG
GINGER
BEACÁN

OINNIÚN
PEIRSIL
PEA
PUMPKIN
RAIDIS
SAILÉAD
SHALLOT
SPIONÁISTE
TRÁTAÍ
TORNAPA

72 - Boats

```
B I Q A J C D O N O D H V O
P F N Ó U R W Y Ó Z U A L O
R T A N P I C O L S G I F J
C S U E E Ú K R Z N A G R B
O V T Y B A O I A X F É G J
I R I B F S L P B N Ó A N W
C Ó C S P P O L H F N N Y X
A N A Ó E R C O A R Q T E S
N J L D A O H O I A K Z V D
O C A D H C L D N F E R R Y
E L U A M H L T N T É A D T
F A R R A I G E Ó P Q F Z I
S A I L B O A T X I N Z B D
Ó B A N C A I R E T R L B E
```

ANCAIRE   NAUTICAL
BAOI   AIGÉAN
CANOE   RAFT
CRIÚ   ABHAINN
DUGA   TÉAD
INNEALL   SAILBOAT
FERRY   SEOLTÓIR
CADHC   FARRAIGE
LOCH   TIDE
CRANN   LUAMH

73 - Activities and Leisure

```
R  T  I  Ó  B  C  I  S  P  H  E  I  L  S
Á  J  G  F  Y  N  M  N  X  X  C  A  T  U
S  S  D  G  S  N  Á  M  H  U  P  S  U  R
A  H  G  B  A  S  E  B  A  L  L  C  M  F
Í  Ó  B  F  C  L  Q  G  F  Z  R  A  A  Á
O  Y  T  H  A  A  F  H  E  P  C  I  D  I
C  U  I  X  R  J  C  U  E  I  A  R  Ó  L
H  P  É  I  N  T  E  Á  I  L  M  E  I  J
T  A  I  S  T  E  A  L  M  L  P  A  R  E
K  T  E  S  J  X  Q  G  S  B  Á  C  E  E
L  E  A  D  Ó  G  B  I  I  C  I  H  A  J
K  J  Y  E  I  T  P  H  E  I  L  T  C  B
D  O  R  N  Á  L  A  Í  O  C  H  T  H  I
X  E  A  L  A  Í  N  J  O  Z  P  X  T  L
```

EALAÍN	PÉINTEÁIL
BASEBALL	RÁSAÍOCHT
CISPHEIL	SACAR
DORNÁLAÍOCHT	SURFÁIL
CAMPÁIL	SNÁMH
TUMADÓIREACHT	LEADÓG
IASCAIREACHT	TAISTEAL
GALF	EITPHEIL

74 - Driving

```
P  T  B  X  L  R  G  J  P  A  B  E  U  G
Ó  R  Ó  C  C  E  L  U  A  S  M  P  L  A
I  U  T  X  U  E  U  D  E  V  X  Q  Q  R
L  C  H  V  L  É  A  R  S  C  Á  I  L  Á
Í  K  A  L  Q  Z  I  D  P  T  V  S  M  I
N  C  R  I  W  C  S  B  Ú  Y  J  M  Ó  S
Í  Y  F  Q  Ó  O  R  R  T  N  K  C  T  T
P  Q  G  Á  S  N  O  E  I  T  A  O  A  E
T  R  Á  C  H  T  T  O  M  O  U  S  R  I
N  Y  Q  L  D  Ú  H  S  P  L  X  C  P  Z
K  W  J  S  G  I  A  L  I  L  G  Á  U  X
D  B  N  C  A  R  R  A  S  Á  G  I  H  I
C  O  I  S  I  T  H  E  T  N  R  N  R  K
S  Á  B  H  Á  I  L  T  E  A  C  H  T  K
```

TIMPISTE	GLUAISROTHAR
COSCÁIN	COISITHE
CARR	PÓILÍNÍ
CONTÚIRT	BÓTHAR
BREOSLA	SÁBHÁILTEACHT
GARÁISTE	LUAS
GÁS	TRÁCHT
CEADÚNAS	TRUCK
LÉARSCÁIL	TOLLÁN
MÓTAR	

75 - Professions #2

```
F  U  V  F  T  E  A  N  G  E  O  L  A  Í
Y  E  M  G  E  B  Q  P  X  U  J  D  M  S
J  I  I  A  R  A  I  G  Z  L  U  R  Á  P
G  N  A  R  U  O  L  T  N  M  H  L  I  Á
U  N  I  R  M  R  U  S  H  M  Z  B  N  S
Q  E  R  A  Ú  E  N  M  A  E  W  E  L  A
P  A  E  Í  I  W  O  W  M  M  O  C  I  I
É  L  A  O  N  B  W  I  T  V  H  L  A  R
I  T  G  D  T  I  F  T  R  I  C  C  A  E
N  Ó  Ó  Ó  E  F  I  A  C  L  Ó  I  R  Í
T  I  I  I  O  D  O  C  H  T  Ú  I  R  F
É  R  R  R  I  P  Í  O  L  Ó  T  A  C  H
I  G  K  I  R  I  S  E  O  I  R  W  M  L
R  T  A  I  G  H  D  E  O  I  R  D  F  Ó
```

SPÁSAIRE	TEANGEOLAÍ
BITHEOLAÍ	PÉINTÉIR
FIACLÓIR	FEALSAMH
INNEALTÓIR	DOCHTÚIR
FEIRMEOIR	PÍOLÓTACH
GARRAÍODÓIR	TAIGHDEOIR
AIREAGÓIR	MÁINLIA
IRISEOIR	MÚINTEOIR

76 - Emotions

```
N  R  V  C  O  M  H  B  H  R  Ó  N  M  Ó
Z  W  A  N  I  M  H  E  B  R  L  N  Q  C
I  W  L  M  Á  N  Ó  L  X  Z  J  R  X  N
J  I  J  A  C  I  E  A  X  L  N  Q  T  Y
B  O  U  D  D  S  R  Á  F  E  A  R  G  Y
F  N  E  A  G  L  A  E  L  I  Q  A  C  B
A  T  B  B  R  Ó  N  Y  D  T  T  N  A  U
O  A  L  O  Á  T  H  A  S  M  A  Ó  L  Í
I  S  I  R  S  N  X  D  Ó  T  Y  S  M  O
S  Á  S  E  S  Í  O  C  H  Á  I  N  A  C
E  S  S  D  M  H  H  P  Ó  A  D  Z  X  H
A  T  P  O  T  E  N  D  E  R  N  E  S  S
M  A  O  M  S  U  A  I  M  H  N  E  A  S
H  X  Z  E  G  X  P  W  F  D  B  A  E  B
```

FEARG	GRÁ
BLISS	SÍOCHÁIN
BOREDOM	FAOISEAMH
CALMA	BRÓN
NÁIRE	SÁSTA
EAGLA	IONTAS
BUÍOCH	COMHBHRÓN
ÁTHAS	TENDERNESS
CINEÁLTAS	SUAIMHNEAS

77 - Mythology

```
I  J  C  M  O  N  S  T  E  R  L  L  O  I
H  I  S  R  C  R  E  I  D  I  M  H  C  V
D  L  L  W  É  T  H  U  N  D  E  R  R  K
C  A  X  H  E  A  V  E  N  S  P  X  U  D
A  O  R  K  F  C  T  U  B  A  I  S  T  E
R  C  D  Y  P  U  M  Ú  U  U  O  F  H  I
C  H  Í  J  X  I  X  H  R  S  M  I  Ú  T
H  U  O  F  J  D  M  Z  N  S  P  N  A  I
E  F  L  E  M  R  K  É  F  V  A  S  E  E
T  N  T  T  D  L  N  N  A  Z  R  C  B  S
Y  Ó  A  O  Ú  Ó  A  E  S  D  K  É  S  X
P  O  S  M  O  R  T  A  L  Ó  F  A  A  S
E  Q  O  A  C  I  A  R  D  U  I  L  A  A
I  Q  W  R  T  I  N  T  R  E  A  C  H  Y
```

ARCHETYPE	LAOCH
IOMPAR	ÉAD
CREIDIMH	FINSCÉAL
CRUTHÚ	TINTREACH
CRÉATÚR	MONSTER
CULTÚR	MORTAL
DEITIES	DÍOLTAS
TUBAISTE	NEART
HEAVEN	THUNDER

78 - Hair Types

```
D D F Y X J S H U Ó S V N S
A Y U M Y T F Z K W L V L L
I C E B R O W N R L B Á N Á
T C T J H Ó I J B V R V X I
E C U R L S M C G V A U G N
M X U G E A R R Y F I W H T
L O N R A C H B A L D Ó J I
C B T B L O N D L E C U I Ú
E A Q I Ó Y N D F W O M P I
N B O G L E D B T A N A Í L
J K V C P Z W S N V D K G I
T I R I M T F Z I Y P A S A
T K Z W Y T Ó N R K E Ó M T
B R A I D E D M D T I U B H
```

BALD	LIATH
DUBH	SLÁINTIÚIL
BLOND	FADA
BRAIDED	LONRACH
BRAID	GEARR
BROWN	BOG
DAITE	TIUBH
CURLS	TANAÍ
CURLY	WAVY
TIRIM	BÁN

79 - Furniture

```
U  K  E  S  T  D  R  E  S  S  E  R  L  Q
G  T  O  Q  P  N  U  P  C  F  H  C  E  C
C  G  L  L  S  P  G  B  Z  G  A  O  A  O
E  Ú  V  T  I  C  H  C  O  Y  M  M  B  U
K  S  I  Q  N  G  Á  B  P  G  M  F  H  C
L  S  Y  S  P  F  U  T  O  N  O  O  R  U
Z  A  U  W  Í  W  K  O  H  M  C  R  A  I
S  R  M  I  D  N  H  C  L  Á  K  T  G  R
G  M  Q  P  E  K  Í  H  R  G  N  E  Á  T
R  O  F  I  A  Z  O  T  Y  V  R  R  N  Í
R  I  S  L  S  Z  B  H  J  Z  N  S  T  N
M  R  W  L  C  C  O  U  C  H  B  R  X  Í
G  E  Ó  O  B  I  N  S  E  L  E  A  B  A
S  N  F  W  S  E  I  L  F  E  A  N  N  A
```

ARMOIRE   DRESSER
LEABA   FUTON
BINSE   HAMMOCK
LEABHRAGÁN   LAMPA
COMFORTERS   TOCHT
COUCH   SCÁTHÁN
CUIRTÍNÍ   PILLOW
CÚISÍNÍ   RUG
DEASC   SEILFEANNA

80 - Garden

```
L O C H Á N C S L B F É A R
H A M M O C K L A C Á T R H
E C Ó D R S F U W R L B A F
W H R R C Z E A N A D S K I
V F G S H Ó W S W N O Á E A
D W D N A X S A I N Z M N I
Z G B P R B B I N S E U B L
C G A O D U Y D A W E D L Í
S K T R A M P O L I N E Á J
F I C C Á G A I R D Í N T F
W F B H V I N E R Q A B H K
W R E N L O S G B B Q Q S F
R Z P J T U Y T G Ó R S I Z
X Ó J T W R E C E B U S H V
```

BINSE	ORCHARD
BUSH	LOCHÁN
FÁL	PORCH
BLÁTH	RAKE
GARÁISTE	SLUASAID
GAIRDÍN	ARDÁN
FÉAR	TRAMPOLINE
HAMMOCK	CRANN
HOSE	VINE
LAWN	FIAILÍ

81 - Birthday

```
B  R  O  N  N  T  A  N  A  S  H  O  N  A
S  P  E  I  S  I  A  L  T  A  Q  G  F  M
P  P  Á  I  R  T  Í  Á  B  H  D  C  J  U
R  S  T  U  Ó  Y  A  D  L  Z  F  E  K  H
A  C  Á  R  T  A  Í  E  I  M  M  I  B  X
O  J  O  Y  B  E  K  P  A  M  Ó  L  B  F
I  F  É  I  L  I  R  E  I  M  V  I  K  A
C  L  I  V  N  R  T  U  N  O  Ó  Ú  S  L
A  F  S  M  R  N  U  S  L  A  S  R  H  A
C  Í  S  T  E  E  L  G  O  F  Ó  A  T  K
U  R  Y  C  M  A  O  E  A  K  G  D  A  I
I  B  Ó  L  L  G  W  B  Y  D  Ó  H  F  I
R  S  Z  N  J  N  U  Y  E  M  H  Ó  N  Z
Í  E  O  U  O  A  M  H  R  Á  N  U  L  R
```

RUGADH
CÍSTE
FÉILIRE
COINNLE
CÁRTAÍ
CEILIÚRADH
LÁ
SPRAOI
BRONNTANAS
MÓR

SHONA
CUIRÍ
PÁIRTÍ
AMHRÁN
SPEISIALTA
AM
EAGNA
BLIAIN
ÓG

82 - Beach

```
S A N D A L S J A L P F Ó E
G A I N E A M H K A F A U Q
Y A I G É A N L I H E R G P
X L X L A G O O N U L R S M
T A Y G B G U A R X F A C H
V U M S E O I L E Á N I Á N
Ó S Á L F R A L B W C G T X
Y C L I I M Z T Á C Z E H G
R A V O L L L P D Ó V T O F
E M G G A L Z O U S P Z E C
R F Ó Á Ó B E R G T T G M I
D E C I J D F T A A X Ó R Ó
R I E N D B Z Á K R Q M C K
G A S F S U N N E Y M G A Ó
```

GORM
BÁD
CÓSTA
PORTÁN
DUGA
OILEÁN
LAGOON
AIGÉAN
REEF

SAILBOAT
GAINEAMH
SANDALS
FARRAIGE
SLIOGÁIN
SUN
TUÁILLE
SCÁTH

83 - Adjectives #1

```
J T C O M H I O N A N N T C
Y C A B H R A C H W M Y Á O
X M P R K D Y H K I A X B I
X F Ó X R M E A Y O C B H M
S H O N A A L V A M Á A A H
E H B H R L I E Y L N R C T
O Ó I L K L Z N B Á T A H H
T A N A Í Y Ó I G N A M T Í
O L L M H Ó R M F T O A A O
F L A I T H I Ú I L E T C C
F Y P J R I D Y Ó C H A H H
H Z U N O Á L A I N N C C A
S P K L M H I X R J N H T H
E A L A Í N E E E K X A W H
```

IOMLÁN	TROM
ARAMATACHA	CABHRACH
EALAÍNE	MACÁNTA
TARRAINGTEACH	OLLMHÓR
ÁLAINN	COMHIONANN
DARK	TÁBHACHTACH
COIMHTHÍOCHA	MALL
FLAITHIÚIL	TANAÍ
SHONA	

84 - Rainforest

```
V  S  É  A  G  S  Ú  L  A  C  H  T  T  D
T  C  A  E  R  Á  I  D  E  V  W  Ó  Ó  Ú
D  A  M  M  R  W  J  U  N  G  L  E  E  C
F  M  Z  C  X  Q  M  Q  Á  R  F  E  F  H
K  A  F  E  I  T  H  I  D  Í  K  R  C  A
Ó  I  I  O  B  Q  L  J  Ú  O  C  H  A  S
X  L  P  F  K  K  B  P  R  F  C  B  O  A
M  L  P  U  Z  G  A  O  N  Q  K  W  M  C
É  U  A  M  F  A  I  B  I  A  I  G  H  H
H  I  M  K  F  T  E  A  R  M  A  N  N  A
O  G  N  E  N  J  O  L  N  L  D  R  Ú  S
S  D  N  M  A  R  T  H  A  N  A  I  S  G
F  D  H  F  Q  S  M  A  M  A  I  G  H  Y
A  T  H  C  H  Ó  I  R  I  Ú  R  N  R  W
```

AMFAIBIAIGH
ÉIN
AERÁIDE
SCAMAILL
POBAL
ÉAGSÚLACHT
DÚCHASACHA
FEITHIDÍ
JUNGLE

MAMAIGH
MU
NÁDÚR
CAOMHNÚ
TEARMANN
MEAS
ATHCHÓIRIÚ
MARTHANAIS

85 - Technology

```
R  S  C  B  B  F  H  L  F  V  P  L  P  S
Í  T  E  O  C  G  M  C  Í  P  T  D  Q  C
O  A  A  G  Ú  H  K  B  O  Ó  A  I  X  Á
M  I  M  E  R  R  Q  Y  R  Y  I  G  U  I
H  T  A  A  S  P  R  T  Ú  B  S  I  K  L
A  I  R  R  Ó  A  T  E  I  R  P  T  P  E
I  S  A  R  I  U  R  S  L  A  E  E  T  Á
R  T  R  A  R  I  X  W  B  B  Á  A  A  N
E  I  A  Í  K  A  D  Q  Ó  H  I  C  I  E
Q  C  O  M  H  A  D  I  C  S  N  H  G  A
N  Í  L  S  H  K  G  V  R  Á  E  P  H  T
H  H  U  Ó  G  R  A  L  B  L  A  G  D  A
V  Í  R  E  A  S  O  N  R  A  Í  S  E  G
S  L  Á  N  D  Á  I  L  K  Í  X  N  U  C
```

BLAG	CLÓ
BRABHSÁLAÍ	IDIRLÍN
BYTES	TAIGHDE
CEAMARA	SCÁILEÁN
RÍOMHAIRE	SLÁNDÁIL
CÚRSÓIR	BOGEARRAÍ
SONRAÍ	STAITISTICÍ
DIGITEACH	FÍORÚIL
TAISPEÁIN	VÍREAS
COMHAD	

86 - Landscapes

```
S W A M P R U A I M H I O X
G E Y S E R V C U E N R D O
L A F P R I D V T C A V K J
A S A B H A I N N X K O K T
C V R Ó P L O A S I S T Ó C
I S R C G Ó A I G É A N L N
E V A L L E Y S L I A B H O
R F I C E B E R G E F T B C
Q K G F P O C C Ó G Á U J Y
D A E F Ó L Z I H M S N K Ó
L O C H I C Z E M O A D W V
Y M D P X Á U Ó X J C R I U
E V T C Y N U Y H F H A J Y
T R Á Y L E I T H I N I S Y
```

TRÁ	OASIS
UAIMH	AIGÉAN
FÁSACH	LEITHINIS
GEYSER	ABHAINN
GLACIER	FARRAIGE
CNOC	SWAMP
ICEBERG	TUNDRA
OILEÁN	VALLEY
LOCH	BOLCÁN
SLIABH	EAS

87 - Visual Arts

```
V V K K J G C Z V K C Z S C
X E R Ó A L N É O A R J T R
G U A L A C H Y I Q U U I I
B P O R T R Á I D R T C O A
S P É I N T E Á I L H R N D
C S F Ó T A G R A F A É S Ó
A A W O B C I T P Q Í J A I
N B I S I A F S E H O R L R
N G Ó L Ó S F F A Q C E X E
Á Q X Y C Y R H N Z H M D A
N Ó I U M H Q Y N T T R X C
C O M H D H É A N A M H W H
P O T A I R E A C H T Q P T
A I L T I R E A C H T O Y N
```

AILTIREACHT	PÉINTEÁIL
CRIADÓIREACHT	PEANN
CAILC	FÓTAGRAF
GUALACH	PÓRTRÁID
CRÉ	POTAIREACHT
COMHDHÉANAMH	STIONSAL
CRUTHAÍOCHT	VEARNAIS
TACAS	CÉIR
SCANNÁN	

88 - Plants

```
F  F  G  E  S  T  E  M  U  E  K  M  B  J
B  E  A  N  L  E  A  S  A  C  H  Á  N  U
G  E  F  L  Ó  R  A  Y  D  R  U  T  B  K
W  U  R  G  A  I  R  D  Í  N  C  L  B  F
W  H  É  R  C  M  F  P  E  T  A  L  A  F
L  N  A  D  Y  F  O  D  F  Ó  C  D  M  É
C  Ó  M  D  O  G  R  K  C  Q  T  X  B  A
S  R  H  I  V  Y  A  G  F  K  U  C  Ú  R
B  L  Á  T  H  E  O  M  F  Á  S  R  A  Q
V  B  Q  G  V  Y  I  C  R  A  N  N  P  L
I  N  T  P  H  L  S  L  G  H  M  V  U  B
G  B  U  S  H  D  U  I  L  L  I  Ú  R  I
R  B  C  B  A  D  F  W  X  E  E  W  K  Ó
C  F  S  W  F  B  L  O  S  S  O  M  R  H
```

BAMBÚ	FORAOIS
BEAN	GAIRDÍN
BERRY	FÉAR
BLOSSOM	IVY
BUSH	MU
CACTUS	PETAL
LEASACHÁN	FRÉAMH
FLÓRA	STEM
BLÁTH	CRANN
DUILLIÚR	FÁSRA

89 - Countries #2

```
I D F A L A O S Z S V M U Q
B Ó X A N D A N M H A I R G
H Á I T Í T T S N U N U Ó C
X L S Ó U B S G H M G G V O
F A G U E A R Ú I S H A N A
A N A E T Ó I P D J R N E N
N L N T Z I X S Y Á É D I T
N I L F S Ó A X Q Z I A P S
I O I P D I U M K K G N E O
G B B S U Y R H Á M T V A M
É Á É V Q Z R I Z I T E L Á
I I I T Z Y L N A S C L B I
R N R A N A L B Á I N E Q L
I P H A C A S T Á I N C Y F
```

AN ALBÁIN
AN DANMHAIRG
AN AETÓIP
AN GHRÉIG
HÁITÍ
IAMÁICE
LAOS
AN LIOBÁIN
AN LIBÉIR

NEIPEAL
AN NIGÉIR
PHACASTÁIN
RÚIS
AN TSOMÁIL
AN TSÚDÁIN
TSIRIA
UGANDA

90 - Ecology

```
G  A  E  R  Á  I  D  E  M  G  D  I  Z  L
K  N  U  F  Q  W  P  O  A  I  O  N  K  Ó
Y  Á  Á  K  Á  F  L  Ó  R  A  M  B  R  U
W  D  É  T  H  S  E  J  T  B  H  H  N  Q
Y  Ú  A  R  H  P  R  Q  H  Y  A  U  B  N
V  R  G  I  F  Ó  O  A  A  A  N  A  K  Á
N  M  S  O  N  L  G  B  N  Y  D  N  S  D
F  Z  Ú  M  P  Y  N  Y  A  U  A  A  B  Ú
Á  X  L  A  H  X  G  E  I  I  H  I  Y  R
N  X  A  C  M  A  R  A  S  X  L  T  Ó  T
A  J  C  H  M  A  R  S  H  Q  B  H  Ó  H
W  B  H  S  L  É  I  B  H  T  E  E  A  A
J  Z  T  X  A  C  M  H  A  I  N  N  Í  S
B  P  L  A  N  D  A  Í  I  V  L  E  G  M
```

AERÁIDE   MARSH
POBAIL   SLÉIBHTE
ÉAGSÚLACHT   NÁDÚRTHA
TRIOMACH   NÁDÚR
FÁNA   PLANDAÍ
FLÓRA   ACMHAINNÍ
DOMHANDA   MARTHANAIS
GNÁTHÓG   INBHUANAITHE
MARA   FÁSRA

91 - Adjectives #2

```
T Á I R G E Y V J A P Z F C
E O Z B R Ó D Ú I L A S R U
G B A R Á N T Ú L A D C E M
C A S U I M I Ú I L X E A A
Á J L G Z W C L G U X Q G S
I P Á Á O M O P U N I P R A
L I I S N Á D Ú R T H A A C
I A N L U T L V H N C V C H
Ú G T T A I A O W I L D H H
L Á I D I R D C T Z I I T G
A H Ú R K I H R T F P R H S
B V I X B M U A B I O Z B H
M V L U E S G S I K F U K W
T U A I R I S C I Ú I L G U
```

BARÁNTÚLA	SUIMIÚIL
TUAIRISCIÚIL	NÁDÚRTHA
TIRIM	NUA
GALÁNTA	TÁIRGE
CÁILIÚLA	BRÓDÚIL AS
CUMASACH	FREAGRACH
SLÁINTIÚIL	CODLADH
TE	LÁIDIR
OCRAS	WILD

92 - Math

```
C O M H T H R E O M H A R P
D U I M H R E A C H A C L Q
E E U I L L I N N E A C H A
E R A N N Á N E O D P W Y B
T U C C É I M S E A T A X I
R I E R H E A S P Ó N A N T
A M A Ó A Ú T R I A N T Á N
S H R I P O L A G Á N G A Q
T R N S I M É A D R A C H T
O Í Ó U M M T Y C T Z D C O
M O G I L Ó D O P H V S O J
H C S M Í N O R I B W A D F
A H W Z N V C D A R T G Á W
S T T R E A L A M H T U N O
```

UILLINNEACHA
UIMHRÍOCHT
IMLÍNE
DEACHÚLACH
TRASTOMHAS
RANNÁN
TREALAMH
EASPÓNANT
CODÁN
CÉIMSEATA

UIMHREACHA
COMHTHREOMHAR
POLAGÁN
GA
CEARNÓG
SUIM
SIMÉADRACHT
TRIANTÁN
TOIRT

93 - Water

```
D  T  H  C  I  T  H  K  Q  I  B  H  U  G
C  A  N  A  L  O  C  H  V  A  Á  M  I  A
W  I  A  M  I  J  J  Q  D  B  I  S  S  L
Z  S  I  O  C  R  O  M  Y  H  S  N  C  Ú
A  E  G  N  A  K  I  A  O  A  T  E  I  Z
E  C  É  S  R  L  G  C  T  I  E  A  Ú  Y
G  G  A  O  J  B  H  K  Í  N  A  C  C  Q
T  E  N  O  W  I  E  J  Ó  N  C  H  H  G
O  F  Y  N  H  G  A  I  L  E  H  T  Á  C
N  Y  Q  S  O  K  R  Q  N  Ó  S  A  I  G
N  O  A  Q  E  D  F  A  T  Ó  Q  Ó  N  Ó
T  U  I  L  E  R  Q  Y  J  M  L  V  C  A
A  G  Z  P  H  I  A  S  S  J  A  T  K  R
D  Ó  X  Z  V  X  K  W  T  P  S  O  A  G
```

CANAL	LOCH
INÓLTA	MONSOON
GALÚ	AIGÉAN
TUILE	BÁISTEACH
SIOC	ABHAINN
GEYSER	CITH
TAISE	SNEACHTA
HAIRICÍN	GAILE
OIGHEAR	TONNTA
UISCIÚCHÁIN	

94 - Activities

```
P  G  Y  B  Z  E  Y  E  H  F  P  F  C  C
L  U  N  S  C  Í  T  H  E  U  É  Ó  E  R
É  Z  Z  Í  M  S  D  Y  S  Á  I  I  A  I
I  R  Z  Z  O  Y  A  G  J  L  N  L  R  A
S  Ó  Z  N  L  M  M  D  E  A  T  L  D  D
I  S  C  I  L  E  H  C  Y  L  E  Í  A  Ó
Ú  E  L  Y  Z  A  S  A  E  J  Á  O  Í  I
R  R  E  C  I  L  A  M  Í  H  I  C  O  R
L  L  A  O  J  A  U  P  F  O  L  H  C  E
M  É  S  O  O  Í  W  Á  K  R  C  T  H  A
A  I  A  M  C  N  F  I  A  C  H  H  T  C
G  U  N  M  U  G  H  L  B  Ó  Ó  I  T  H
I  Q  N  I  H  C  L  U  I  C  H  Í  Y  T
C  I  A  S  C  A  I  R  E  A  C  H  T  P
```

GNÍOMHAÍOCHT	FÓILLÍOCHT
EALAÍN	MAGIC
CAMPÁIL	PÉINTEÁIL
CRIADÓIREACHT	PLÉISIÚR
CEARDAÍOCHT	PUZZLES
DAMHSA	LÉAMH
IASCAIREACHT	SCÍTHE
CLUICHÍ	FUÁLA
FIACH	SCIL
LEASANNA	

95 - Literature

```
U  T  C  V  T  Q  T  R  E  C  F  B  R  G
L  Ú  U  B  Z  A  É  H  Í  U  I  E  L  X
C  R  R  A  X  O  A  O  Z  M  C  A  C  L
O  S  S  I  I  A  M  M  Q  Y  S  T  Í  L
N  C  Í  W  T  R  A  H  B  U  E  H  A  A
C  É  O  R  Z  H  I  S  A  P  A  A  N  N
L  A  S  U  B  U  I  M  Ó  K  N  I  E  A
Ú  L  M  L  É  I  R  M  H  E  A  S  C  L
I  D  I  R  P  H  L  É  T  D  X  N  D  A
D  Á  M  E  A  F  A  R  I  M  X  É  O  Í
X  N  Ú  D  A  R  E  E  D  W  S  I  T  T
R  A  U  H  J  Z  R  C  T  W  P  S  E  J
F  I  L  E  A  T  A  N  A  I  L  Í  S  F
T  R  A  G  Ó  I  D  Q  T  K  H  P  S  I
```

ANALAÍ	MEAFAR
ANAILÍS	ÚRSCÉAL
ANECDOTE	TUAIRIM
ÚDAR	DÁN
BEATHAISNÉIS	FILEATA
CONCLÚID	RÍM
LÉIRMHEAS	RITHIM
CUR SÍOS	STÍL
IDIRPHLÉ	TÉAMA
FICSEAN	TRAGÓID

96 - Geography

```
A T L A S Y F D O M H A N S
K I Y D U L É A R S C Á I L
C H G A E W A I R C X G O N
A F S É M U U R H R K S W M
B T Í R A H S D C X A L O I
H T M I Y N X E O L C I D N
A T M E R I D I A N A A G G
I H M Ó R R O I N N T B C E
N U V O É T H E A S H H R A
N A N T I A R T H A R L Í R
W I A H G L M B Y B A V O C
N D A E I V E S A T C R C H
J H O P Ú D F Á X T H R H L
E O Y G N O G F N H B K W Ó
```

AIRDE
ATLAS
CATHRACH
MÓR-ROINN
TÍR
INGEARCHLÓ
OILEÁN
LÉARSCÁIL
MERIDIAN
SLIABH

THUAIDH
AIGÉAN
RÉIGIÚN
ABHAINN
FARRAIGE
THEAS
CRÍOCH
AN TIARTHAR
DOMHAN

97 - Pets

```
B  E  I  R  E  A  B  A  L  L  B  G  K  A
G  Ó  E  G  M  C  V  H  A  O  X  U  I  X
A  V  F  K  N  N  F  I  Ó  G  D  A  T  S
B  F  Ó  H  A  I  M  C  N  K  F  P  T  L
H  B  N  X  K  Q  E  H  J  Ó  T  A  E  I
A  G  B  Ó  H  A  M  S  T  E  R  W  N  Z
R  F  I  M  A  D  R  A  R  C  Z  S  O  A
P  V  A  I  A  S  C  U  É  O  A  T  G  R
A  U  L  E  A  S  H  A  I  L  J  T  C  D
R  B  P  L  U  C  H  P  D  L  R  U  O  Ó
R  B  F  P  Q  Y  Q  Z  L  A  S  R  I  M
O  A  Q  B  Y  M  P  B  I  R  W  T  N  P
T  N  J  Q  S  H  Y  Ó  A  M  Ó  L  Í  Ó
U  I  S  C  E  Q  G  S  Z  J  B  E  N  Ó
```

CAT	LIZARD
COLLAR	LUCH
BÓ	PARROT
MADRA	PAWS
IASC	PUPPY
BIA	COINÍN
GABHAR	EIREABALL
HAMSTER	TURTLE
KITTEN	TRÉIDLIA
LEASH	UISCE

98 - Nature

```
S  G  H  A  L  S  Ó  F  S  B  S  O  C  C
C  D  U  I  L  L  I  Ú  R  E  S  Z  K  C
A  X  Z  L  R  É  Z  R  L  A  R  Q  A  V
M  D  V  L  C  I  K  W  Q  C  O  E  A  R
A  C  G  T  C  B  S  A  B  H  A  I  N  N
I  Z  C  E  O  H  F  Á  S  A  C  H  A  E
L  W  I  L  D  T  E  A  R  M  A  N  N  Q
L  C  F  C  R  E  I  M  E  A  D  H  X  E
Y  D  I  N  I  M  I  C  I  Ú  L  A  K  B
T  R  Ó  P  A  I  C  E  A  C  H  P  R  Q
F  O  R  A  O  I  S  A  R  T  A  C  H  U
S  Í  O  C  H  Á  N  T  A  I  W  B  P  Y
H  G  L  A  C  I  E  R  A  Z  E  T  Y  K
M  M  G  Á  I  L  L  E  A  C  H  T  M  D
```

ARTACH	FORAOIS
ÁILLEACHT	GLACIER
BEACHA	SLÉIBHTE
AILLTE	SÍOCHÁNTA
SCAMAILL	ABHAINN
FÁSACH	TEARMANN
DINIMICIÚLA	SERENE
CREIMEADH	TRÓPAICEACH
CEO	WILD
DUILLIÚR	

99 - Championship

```
C F D F E I D H M Í O C H T
L P F E U N T A T X V O G F
U W S D B V D R L L F Y G O
I T G Y Y A Q U B G K D S I
C R A O B H F S R A I T H R
H C S G S B V P E A P P S E
Í Y T E N O K Ó I Ó N P P A
Ó O R G Ó N W I T I R C R N
X J A S P N I R H B Ó B E N
C Ó I S T E L T E J U P A Y
N F T D H I D M A G O A G N
E M É V C W C O M Ó R T A S
B I I K A D A R H G Z F D F
B C S C H A M P I O N P H S
```

CHAMPION
CRAOBH
CÓISTE
ENDURANCE
CLUICHÍ
BREITHEAMH
SRAITH
BONN

SPREAGADH
FEIDHMÍOCHT
SPÓIRT
STRAITÉIS
FOIREANN
COMÓRTAS
BUA

100 - Vacation #2

```
P  B  N  V  X  P  W  G  C  Ó  C  T  C  F
R  S  I  F  R  K  Q  N  P  B  C  U  E  Ó
P  A  S  A  Ó  Y  Z  X  B  S  A  R  A  I
Q  O  U  R  L  M  P  F  D  P  M  A  N  L
L  I  D  R  T  A  C  S  A  Í  P  S  N  L
É  R  I  A  J  E  N  Ó  S  T  Á  N  S  Í
A  E  O  I  L  E  Á  N  Q  K  I  P  C  O
R  E  M  G  V  Í  O  S  A  V  L  F  R  C
S  T  R  E  A  C  H  T  R  A  C  H  Í  H
C  R  W  F  U  Ó  W  G  Q  L  L  K  B  T
Á  Á  Ó  I  O  M  P  A  R  Q  E  A  E  Z
I  D  U  D  Y  R  S  L  É  I  B  H  T  E
L  P  E  A  C  H  T  R  A  N  N  A  C  H
A  D  I  W  H  W  N  P  U  B  A  L  L  R
```

AERFORT
TRÁ
CAMPÁIL
CEANN SCRÍBE
EACHTRACH
EACHTRANNACH
SAOIRE
ÓSTÁN
OILEÁN
TURAS

FÓILLÍOCHT
LÉARSCÁIL
SLÉIBHTE
PAS
BIALANN
FARRAIGE
TACSAÍ
PUBALL
IOMPAR
VÍOSA

1 - Food #1

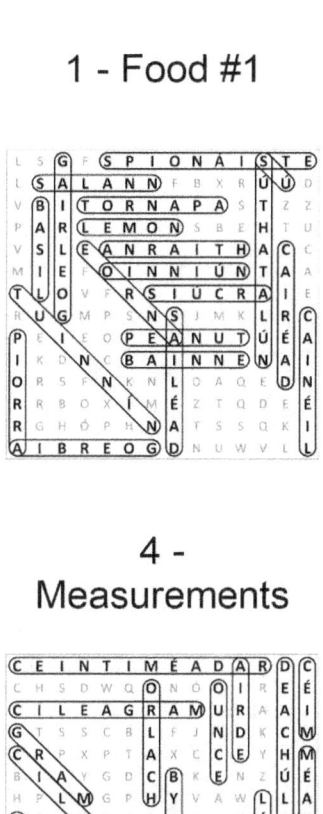

2 - Castles

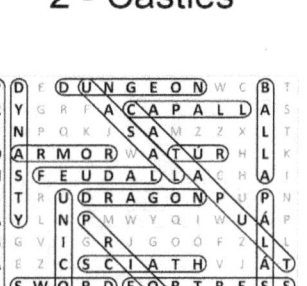

3 - Exploration

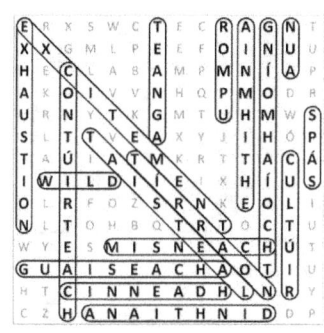

4 - Measurements

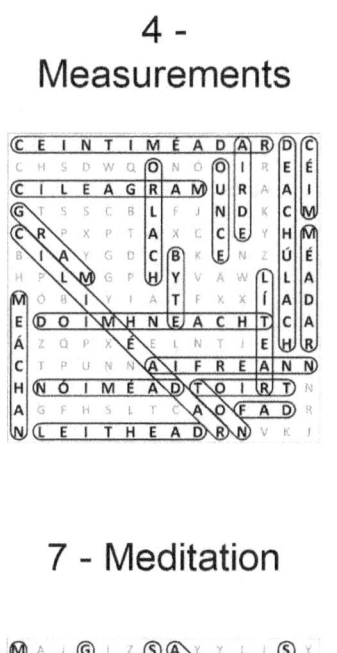

5 - Farm #2

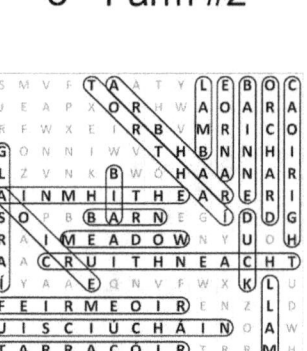

6 - Books

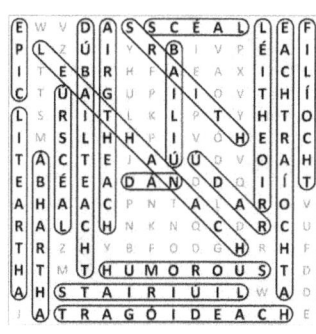

7 - Meditation

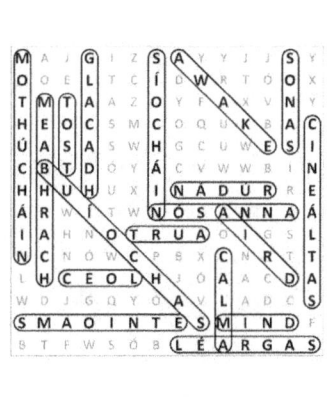

8 - Days and Months

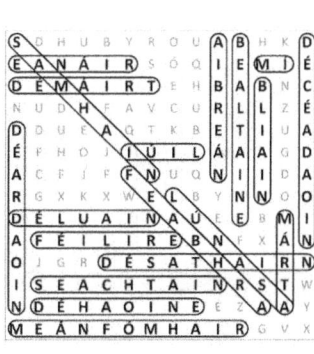

9 - Chess

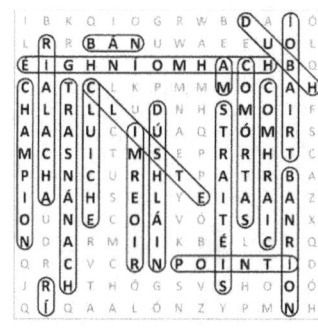

10 - Food #2

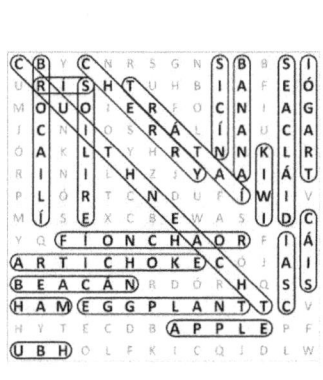

11 - Family

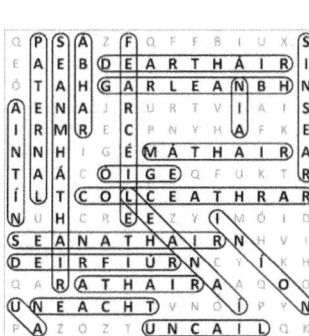

12 - Farm #1

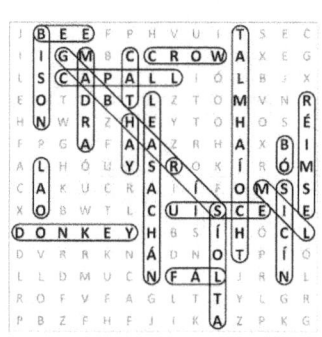

13 - Camping

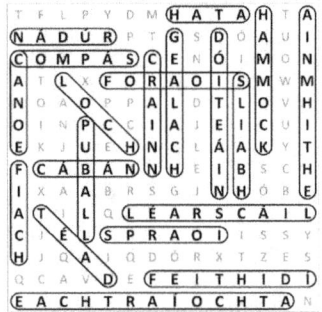

14 - Conservation

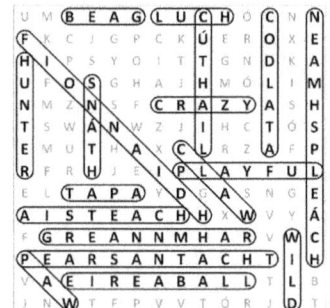

15 - Cats

16 - Numbers

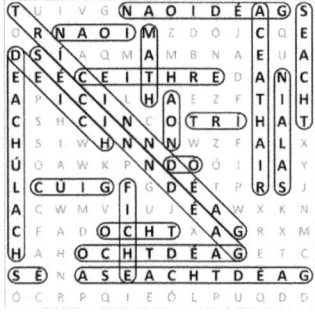

17 - Spices

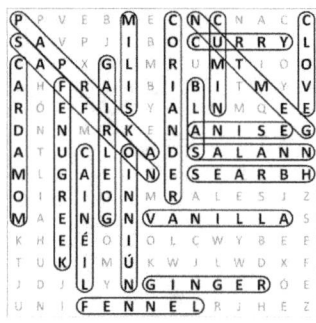

18 - Mammals

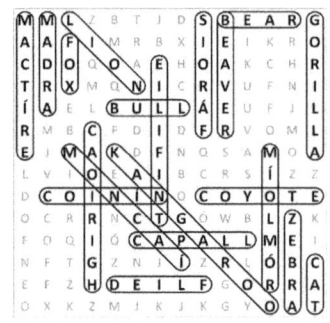

19 - Fishing

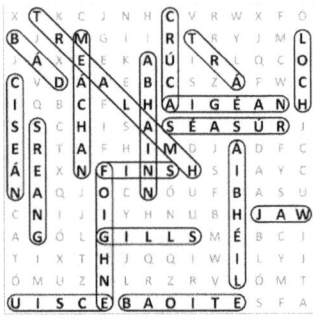

20 - Restaurant #1

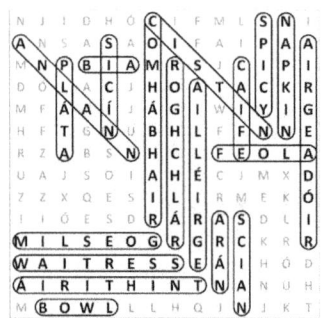

21 - Bees

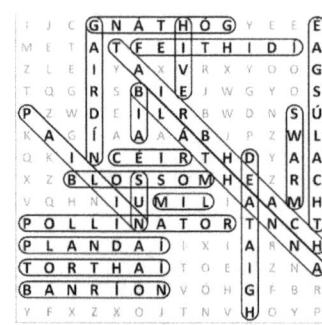

22 - Sports

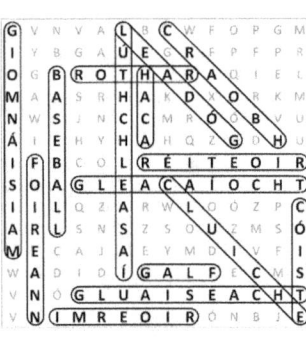

23 - Weather

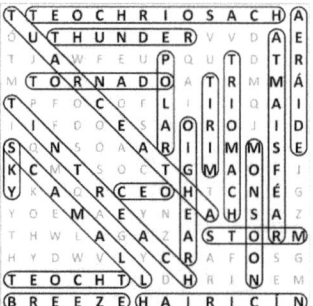

24 - Adventure

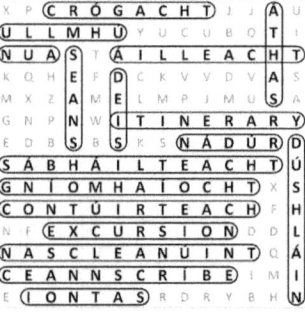

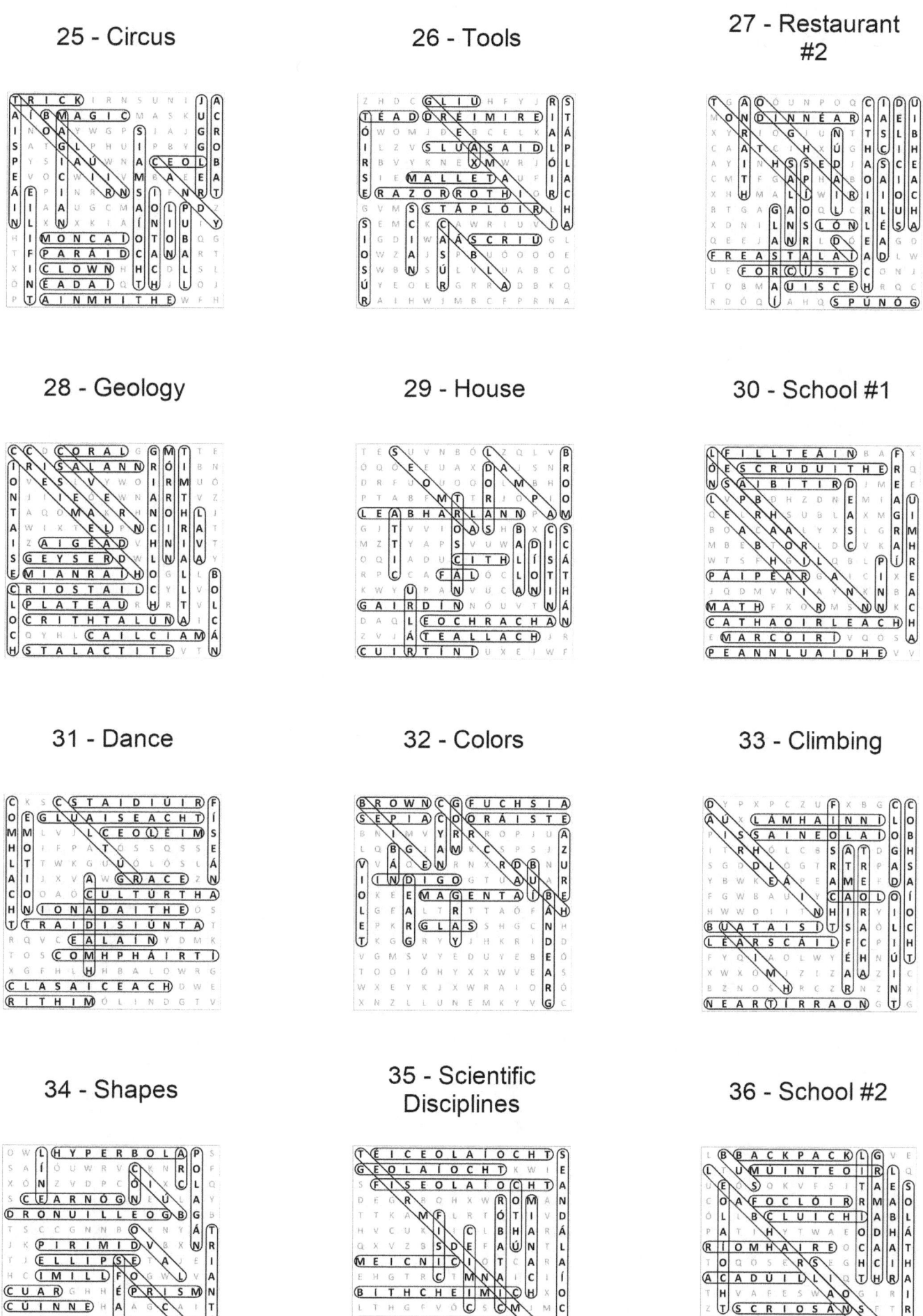

25 - Circus

26 - Tools

27 - Restaurant #2

28 - Geology

29 - House

30 - School #1

31 - Dance

32 - Colors

33 - Climbing

34 - Shapes

35 - Scientific Disciplines

36 - School #2

37 - Science
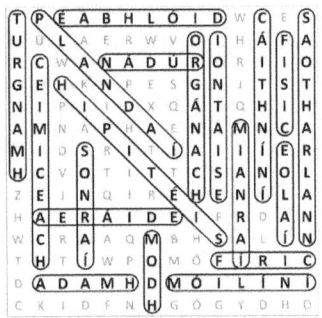

38 - To Fill
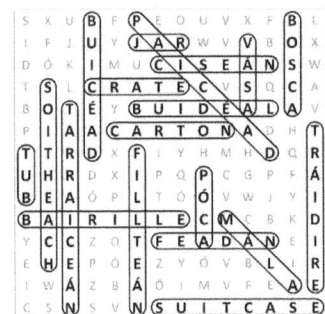

39 - Summer
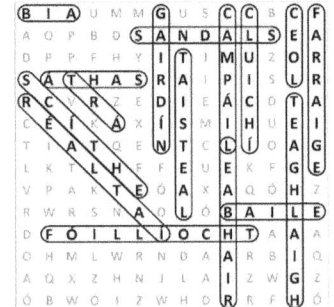

40 - Clothes
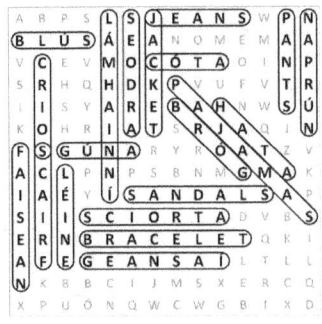

41 - Insects
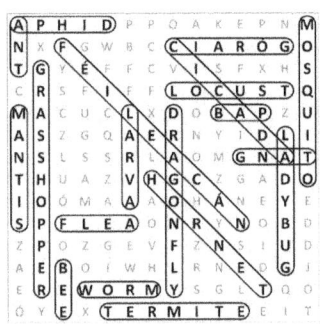

42 - Astronomy

43 - Pirates
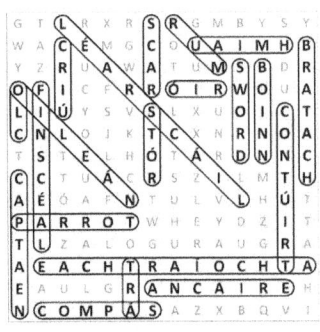

44 - Time
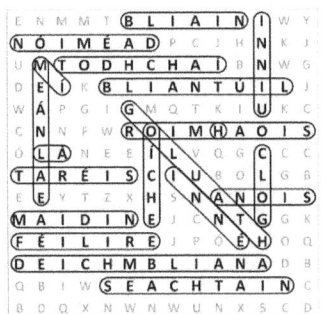

45 - Buildings
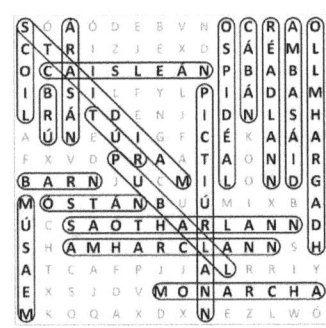

46 - Herbalism
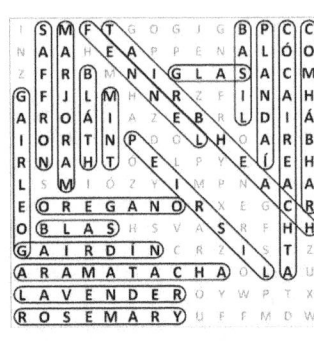

47 - Toys
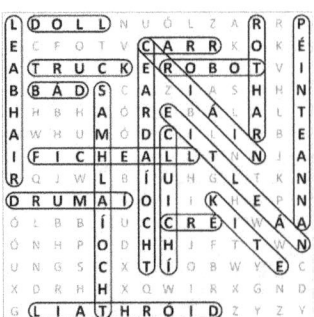

48 - Vehicles
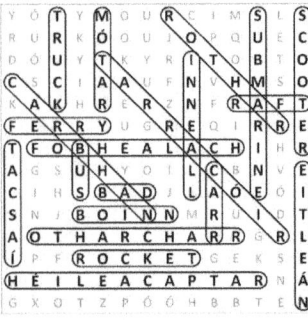

49 - Flowers

50 - Town

51 - Antarctica

52 - Ballet

53 - Human Body

54 - Musical Instruments

55 - Cooking Tools

56 - Fruit

57 - Virtues #1

58 - Kitchen

59 - Art Supplies

60 - Science Fiction

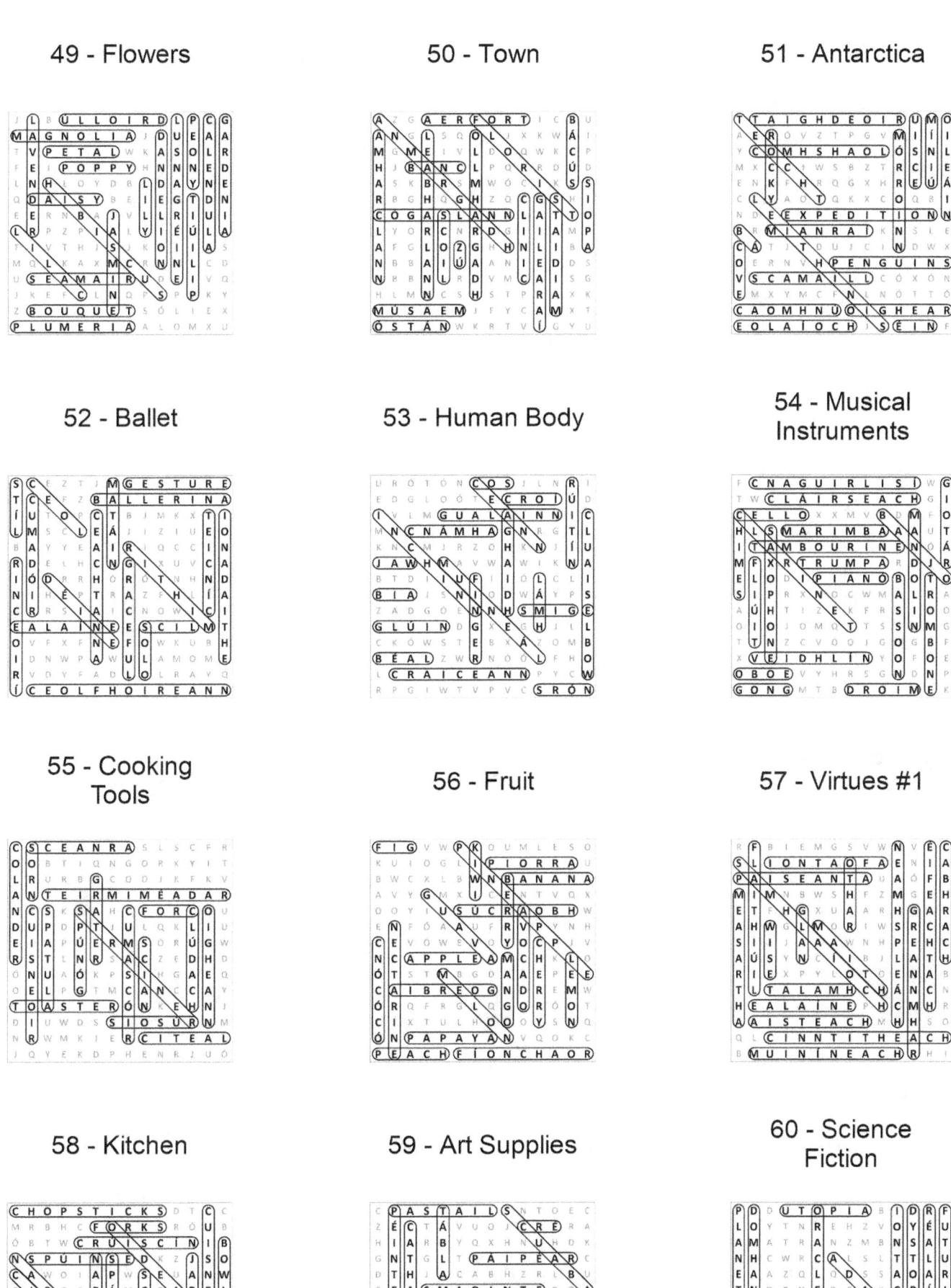

61 - Airplanes

62 - Ocean

63 - Birds

64 - Art

65 - Nutrition

66 - Hiking

67 - Professions #1

68 - Barbecues

69 - Surfing

70 - Chocolate

71 - Vegetables

72 - Boats

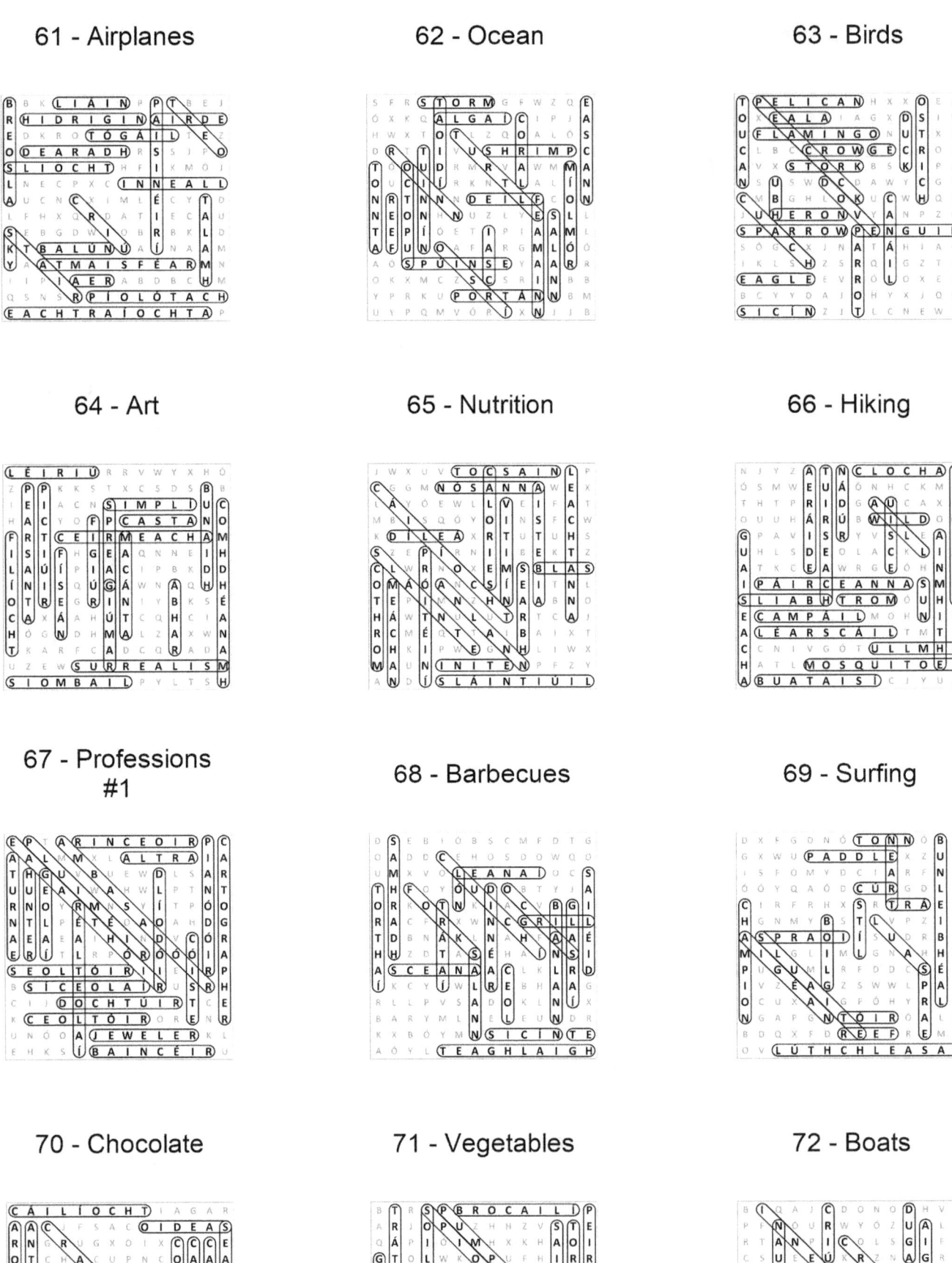

73 - Activities and Leisure

Word search grid containing: CISPHEIL, SNÁMH, BASEBALL, PÉINTEÁIL, TAISTEAL, LEADÓG, EITPHEIL, DORNÁLAÍOCHT, EALAÍN

74 - Driving

Word search grid containing: CLUAS, LÉARSCÁIL, GÁS, TRÁCHT, CARR, COISITHE, SÁBHÁILTEACHT

75 - Professions #2

Word search grid containing: TEANGEOLAÍ, FIACLÓIR, DOCHTÚIR, PÍOLÓTACH, IRISEOIR, TAIGHDEOIR

76 - Emotions

Word search grid containing: COMHBHRÓN, FEARG, EAGLA, BRÓN, ÁTHAS, SÍOCHÁIN, TENDERNESS, SUAIMHNEAS

77 - Mythology

Word search grid containing: MONSTER, CREIDIMH, THUNDER, HEAVEN, TUBA, MORTAL, TINTREACH

78 - Hair Types

Word search grid containing: BROWN, BÁN, CURLS, GEARR, LONRACH, BALD, BLOND, BOG, TANAÍ, TIRIM, BRAIDED, TIUBH

79 - Furniture

Word search grid containing: DRESSER, FUTON, COUCH, BINSE, LEABA, SEILFEANNA

80 - Garden

Word search grid containing: LOCHÁN, FÉAR, HAMMOCK, LÁR, BINSE, TRAMPOLINE, GÁIRDÍN, VINE, BUSH

81 - Birthday

Word search grid containing: BRONNTANAS, SHONA, SPEISIALTA, PÁIRTÍ, CÁRTA, FÉILIRE, CÍSTE, AMHRÁN

82 - Beach

Word search grid containing: SANDALS, GAINEAMH, AIGÉAN, LAGOON, OILEÁN, SUN

83 - Adjectives #1

Word search grid containing: COMHIONANN, CABHRACH, SHONA, TANAÍ, OLLMHÓR, FLAITHIÚIL, ÁLAINN, EALAÍNE

84 - Rainforest

Word search grid containing: ÉAGSÚLACHT, AERÁIDE, JUNGLE, FEITHID, AMFAIBIAIGH, TEARMANN, MARTHANAIS, MAMAIGH, ATHCHÓIRIÚ

85 - Technology

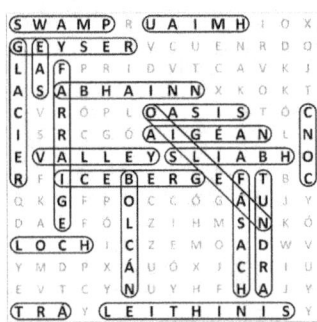

86 - Landscapes

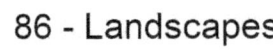

87 - Visual Arts

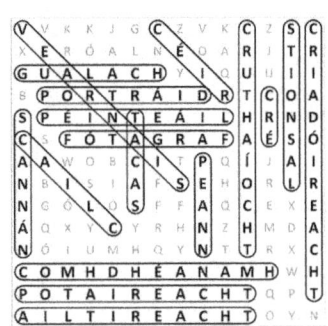

88 - Plants

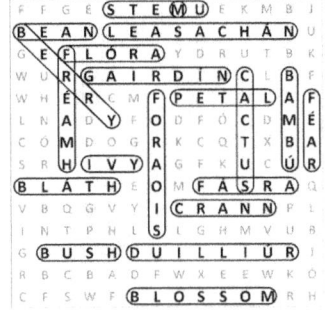

89 - Countries #2

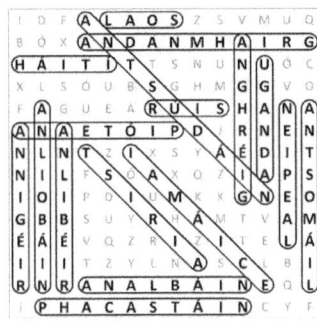

90 - Ecology

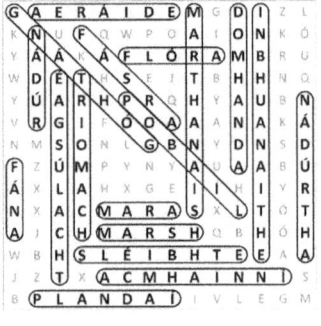

91 - Adjectives #2

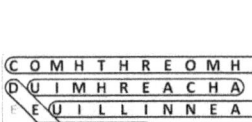

92 - Math

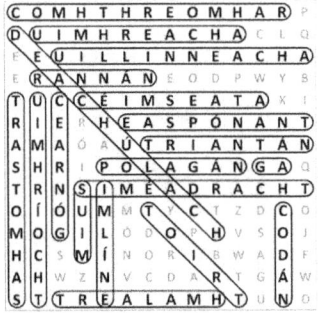

93 - Water

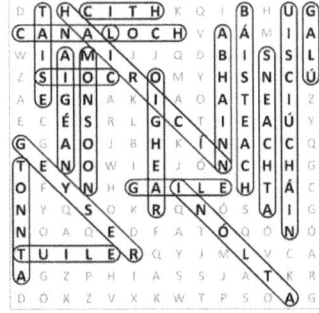

94 - Activities

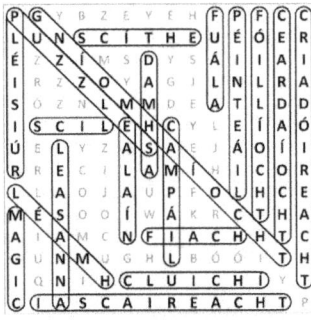

95 - Literature

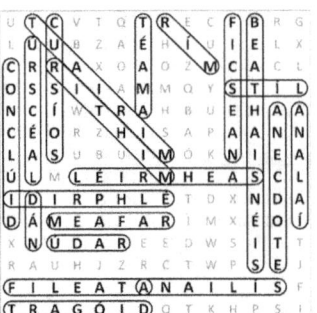

96 - Geography

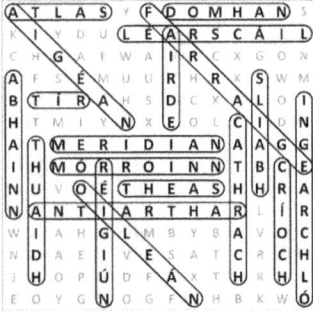

97 - Pets

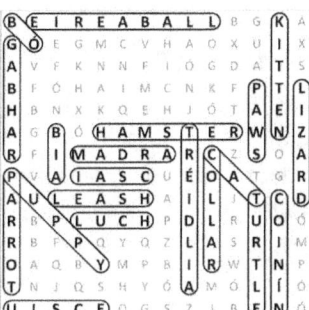

98 - Nature

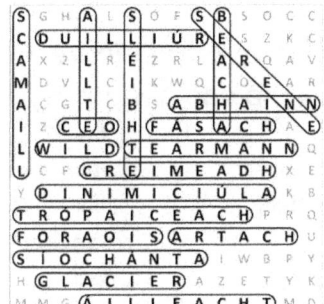

99 - Championship

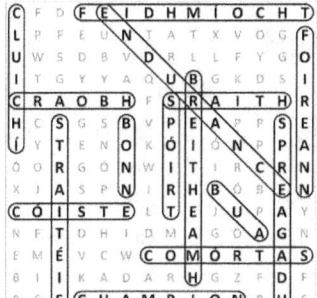

100 - Vacation #2

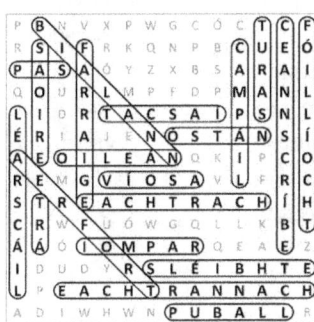

Dictionary

Activities
Gníomhaíochtaí

Activity	Gníomhaíocht
Art	Ealaín
Camping	Campáil
Ceramics	Criadóireacht
Crafts	Ceardaíocht
Dancing	Damhsa
Fishing	Iascaireacht
Games	Cluichí
Hunting	Fiach
Interests	Leasanna
Leisure	Fóillíocht
Magic	Magic
Painting	Péinteáil
Pleasure	Pléisiúr
Puzzles	Puzzles
Reading	Léamh
Relaxation	Scíthe
Sewing	Fuála
Skill	Scil

Activities and Leisure
Gníomhaíochtaí Agus Fóil

Art	Ealaín
Baseball	Baseball
Basketball	Cispheil
Boxing	Dornálaíocht
Camping	Campáil
Diving	Tumadóireacht
Fishing	Iascaireacht
Golf	Galf
Painting	Péinteáil
Racing	Rásaíocht
Soccer	Sacar
Surfing	Surfáil
Swimming	Snámh
Tennis	Leadóg
Travel	Taisteal
Volleyball	Eitpheil

Adjectives #1
Aidiachtaí # 1

Absolute	Iomlán
Ambitious	Uaillmhianach
Aromatic	Aramatacha
Artistic	Ealaíne
Attractive	Tarraingteach
Beautiful	Álainn
Dark	Dark
Exotic	Coimhthíocha
Generous	Flaithiúil
Happy	Shona
Heavy	Trom
Helpful	Cabhrach
Honest	Macánta
Huge	Ollmhór
Identical	Comhionann
Important	Tábhachtach
Serious	Tromchúiseach
Slow	Mall
Thin	Tanaí
Valuable	Luachmhar

Adjectives #2
Aidiachtaí # 2

Authentic	Barántúla
Creative	Cruthaitheach
Descriptive	Tuairisciúil
Dry	Tirim
Elegant	Galánta
Famous	Cáiliúla
Gifted	Cumasach
Healthy	Sláintiúil
Hot	Te
Hungry	Ocras
Interesting	Suimiúil
Natural	Nádúrtha
New	Nua
Productive	Táirge
Proud	Bródúil As
Responsible	Freagrach
Salty	Goirt Amháin
Sleepy	Codladh
Strong	Láidir
Wild	Wild

Adventure
Eachtraíochta

Activity	Gníomhaíocht
Beauty	Áilleacht
Bravery	Crógacht
Challenges	Dúshláin
Chance	Seans
Dangerous	Contúirteach
Destination	Ceann Scríbe
Difficulty	Deacracht
Enthusiasm	Díograis
Excursion	Excursion
Itinerary	Itinerary
Joy	Áthas
Nature	Nádúr
Navigation	Nascleanúint
New	Nua
Opportunity	Deis
Preparation	Ullmhú
Safety	Sábháilteacht
Surprising	Iontas
Unusual	Neamhghnách

Airplanes
Eitleáin

Adventure	Eachtraíochta
Air	Aer
Atmosphere	Atmaisféar
Balloon	Balún
Construction	Tógáil
Crew	Criú
Descent	Sliocht
Design	Dearadh
Direction	Treo
Engine	Inneall
Fuel	Breosla
Height	Airde
History	Stair
Hydrogen	Hidrigin
Landing	Talamh
Passenger	Paisinéirí
Pilot	Píolótach
Propellers	Liáin
Sky	Sky
Turbulence	Suaiteacht

Antarctica
Antartaice

Bay	Bá
Birds	Éin
Clouds	Scamaill
Conservation	Caomhnú
Continent	Mór-Roinn
Cove	Cove
Environment	Comhshaol
Expedition	Expedition
Geography	Tíreolaíocht
Ice	Oighear
Islands	Oileáin
Migration	Míniú
Minerals	Mianraí
Penguins	Penguins
Peninsula	Leithinis
Researcher	Taighdeoir
Rocky	Rocky
Scientific	Eolaíoch
Temperature	Teocht
Water	Uisce

Art
Ealaín

Ceramic	Ceirmeacha
Complex	Casta
Composition	Comhdhéanamh
Expression	Léiriú
Figure	Figiúr
Honest	Macánta
Inspired	Spreag
Mood	Giúmar
Original	Bunaidh
Paintings	Pictiúir
Personal	Pearsanta
Poetry	Filíocht
Simple	Simplí
Subject	Ábhar
Surrealism	Surrealism
Symbol	Siombail
Visual	Físeán

Art Supplies
Soláthairtí Ealaíne

Acrylic	Aicrileach
Brushes	Scuaba
Camera	Ceamara
Chair	Cathaoirleach
Charcoal	Gualach
Clay	Cré
Colors	Dathanna
Crayons	Criáin
Easel	Easel
Eraser	Scriosán
Glue	Gliú
Ideas	Smaointe
Ink	Dúch
Oil	Ola
Paints	Péinteanna
Paper	Páipéar
Pastels	Pastail
Table	Tábla
Water	Uisce

Astronomy
Réalteolaíocht

Asteroid	Astaróideach
Astronaut	Spásaire
Astronomer	Réalteolaí
Constellation	Réaltbhuíon
Cosmos	Cosmos
Earth	Domhan
Eclipse	Eclipse
Equinox	Equinox
Galaxy	Réalta
Meteor	Meteor
Moon	Gealach
Nebula	Nebula
Observatory	Réadlann
Planet	Planet
Radiation	Radaíocht
Rocket	Rocket
Satellite	Satailíte
Sky	Sky
Supernova	Supernova
Zodiac	Stoidiaca

Ballet
Ballet

Artistic	Ealaíne
Ballerina	Ballerina
Composer	Cumadóir
Dancers	Rinceoirí
Expressive	Ionadaithe
Gesture	Gesture
Graceful	Graceful
Intensity	Déine
Lessons	Ceachtanna
Muscles	Matáin
Music	Ceol
Orchestra	Ceolfhoireann
Practice	Cleachtas
Rhythm	Rithim
Skill	Scil
Solo	Solo
Style	Stíl
Technique	Teicníc

Barbecues
Barbecues

Chicken	Sicín
Children	Leanaí
Dinner	Dinnéar
Family	Teaghlaigh
Food	Bia
Forks	Forks
Fruit	Torthaí
Games	Cluichí
Grill	Grill
Hot	Te
Hunger	Ocras
Knives	Sceana
Lunch	Lón
Music	Ceol
Salads	Sailéid
Salt	Salann
Sauce	Anlann
Summer	Samhradh
Tomatoes	Trátaí
Vegetables	Glasraí

Beach
Trá

Blue	Gorm
Boat	Bád
Coast	Cósta
Crab	Portán
Dock	Duga
Island	Oileán
Lagoon	Lagoon
Ocean	Aigéan
Reef	Reef
Sailboat	Sailboat
Sand	Gaineamh
Sandals	Sandals
Sea	Farraige
Shells	Sliogáin
Sun	Sun
Towel	Tuáille
Umbrella	Scáth

Bees
Beacha

Beneficial	Tairbheach
Blossom	Blossom
Diversity	Éagsúlacht
Ecosystem	Éiceachóras
Flowers	Bláthanna
Food	Bia
Fruit	Torthaí
Garden	Gairdín
Habitat	Gnáthóg
Hive	Hive
Honey	Mil
Insect	Feithidí
Plants	Plandaí
Pollen	Pailin
Pollinator	Pollinator
Queen	Banríon
Smoke	Deataigh
Sun	Sun
Swarm	Swarm
Wax	Céir

Birds
Éin

Canary	Canáil
Chicken	Sicín
Crow	Crow
Cuckoo	Cuach
Dove	Dove
Duck	Duck
Eagle	Eagle
Egg	Ubh
Flamingo	Flamingo
Goose	Gé
Heron	Heron
Ostrich	Ostrich
Parrot	Parrot
Peacock	Peacock
Pelican	Pelican
Penguin	Penguin
Sparrow	Sparrow
Stork	Stork
Swan	Eala
Toucan	Toucan

Birthday
Lá Breithe

Born	Rugadh
Cake	Císte
Calendar	Féilire
Candles	Coinnle
Cards	Cártaí
Celebration	Ceiliúradh
Day	Lá
Fun	Spraoi
Gift	Bronntanas
Great	Mór
Happy	Shona
Invitations	Cuirí
Party	Páirtí
Song	Amhrán
Special	Speisialta
Time	Am
Wisdom	Eagna
Year	Bliain
Young	Óg

Boats
Báid

Anchor	Ancaire
Buoy	Baoi
Canoe	Canoe
Crew	Criú
Dock	Duga
Engine	Inneall
Ferry	Ferry
Kayak	Cadhc
Lake	Loch
Mast	Crann
Nautical	Nautical
Ocean	Aigéan
Raft	Raft
River	Abhainn
Rope	Téad
Sailboat	Sailboat
Sailor	Seoltóir
Sea	Farraige
Tide	Tide
Yacht	Luamh

Books
Leabhair

Adventure	Eachtraíochta
Author	Údar
Collection	Bailiú
Context	Comhthéacs
Duality	Dúbailteacht
Epic	Epic
Historical	Stairiúil
Humorous	Humorous
Inventive	Airgtheach
Literary	Liteartha
Novel	Úrscéal
Page	Leathanach
Poem	Dán
Poetry	Filíocht
Reader	Léitheoir
Relevant	Ábhartha
Series	Sraith
Story	Scéal
Tragic	Tragóideach
Written	Scríofa

Buildings
Foirgnimh

Apartment	Árasán
Barn	Barn
Cabin	Cábán
Castle	Caisleán
Cinema	Pictiúrlann
Embassy	Ambasáid
Factory	Monarcha
Hospital	Ospidéal
Hostel	Brú
Hotel	Óstán
Laboratory	Saotharlann
Museum	Músaem
Observatory	Réadlann
School	Scoil
Stadium	Staidiam
Supermarket	Ollmhargadh
Tent	Puball
Theater	Amharclann
Tower	Túr
University	Ollscoil

Camping
Camping

Adventure	Eachtraíochta
Animals	Ainmhithe
Cabin	Cábán
Canoe	Canoe
Compass	Compás
Fire	Dóiteáin
Forest	Foraois
Fun	Spraoi
Hammock	Hammock
Hat	Hata
Hunting	Fiach
Insect	Feithidí
Lake	Loch
Map	Léarscáil
Moon	Gealach
Mountain	Sliabh
Nature	Nádúr
Rope	Téad
Tent	Puball
Trees	Crainn

Castles
Caisleáin

Armor	Armor
Catapult	Catapult
Crown	Choróin
Dragon	Dragon
Dungeon	Dungeon
Dynasty	Dynasty
Empire	Impireacht
Feudal	Feudal
Fortress	Fortress
Horse	Capall
Kingdom	Ríocht
Noble	Uasal
Palace	Pálás
Prince	Prionsa
Princess	Prionsabal
Shield	Sciath
Sword	Sword
Tower	Túr
Unicorn	Unicorn
Wall	Balla

Cats
Cait

Claw	Claw
Crazy	Crazy
Curious	Aisteach
Fast	Tapa
Funny	Greannmhar
Fur	Fionnaidh
Hunter	Hunter
Independent	Neamhspleách
Little	Beag
Mouse	Luch
Paw	Paw
Personality	Pearsantacht
Playful	Playful
Shy	Cúthail
Sleep	Codlata
Tail	Eireaball
Wild	Wild
Yarn	Snáth

Championship
Craobh

Champion	Champion
Championship	Craobh
Coach	Cóiste
Endurance	Endurance
Games	Cluichí
Judge	Breitheamh
League	Sraith
Medal	Bonn
Motivation	Spreagadh
Performance	Feidhmíocht
Perspiration	Perspiration
Sports	Spóirt
Strategy	Straitéis
Team	Foireann
Tournament	Comórtas
Victory	Bua

Chess
Ficheall

Black	Dubh
Challenges	Dúshláin
Champion	Champion
Clever	Cliste
Diagonal	Trasnánach
Game	Cluiche
King	Rí
Opponent	Comhraic
Passive	Éighníomhach
Player	Imreoir
Points	Pointí
Queen	Banríon
Rules	Rialacha
Sacrifice	Íobairt
Strategy	Straitéis
Time	Am
Tournament	Comórtas
White	Bán

Chocolate
Seacláid

Antioxidant	Antioxidant
Aroma	Aroma
Bitter	Searbh
Cacao	Cacao
Calories	Calories
Candy	Candy
Coconut	Cnó Cócó
Craving	Craving
Delicious	Delicious
Exotic	Coimhthíocha
Ingredient	Comhábhar
Peanuts	Peanuts
Powder	Púdar
Quality	Cáilíocht
Recipe	Oideas
Sugar	Siúcra
Sweet	Milis
Taste	Blas

Circus
Siorcas

Acrobat	Acrobat
Animals	Ainmhithe
Balloons	Balúin
Candy	Candy
Clown	Clown
Costume	Éadaí
Elephant	Eilifint
Entertain	Siamsaíocht
Juggler	Juggler
Lion	Lion
Magic	Magic
Magician	Magician
Monkey	Moncaí
Music	Ceol
Parade	Paráid
Show	Taispeáin
Spectacular	Iontach
Tent	Puball
Tiger	Tíogair
Trick	Trick

Climbing
Dreapadóireachta

Altitude	Airde
Atmosphere	Atmaisféar
Boots	Buataisí
Cave	Uaimh
Challenges	Dúshláin
Curiosity	Fiosracht
Expert	Saineolaí
Gloves	Lámhainní
Guides	Treoracha
Helmet	Clogad
Map	Léarscáil
Narrow	Caol
Stability	Cobhsaíocht
Strength	Neart
Terrain	Tír-Raon
Training	Oiliúint

Clothes
Éadaí

Apron	Naprún
Belt	Crios
Blouse	Blús
Bracelet	Bracelet
Coat	Cóta
Dress	Gúna
Fashion	Faisean
Gloves	Lámhainní
Hat	Hata
Jacket	Jacket
Jeans	Jeans
Jewelry	Seodra
Pajamas	Pajamas
Pants	Pants
Sandals	Sandals
Scarf	Scairf
Shirt	Léine
Shoe	Bróg
Skirt	Sciorta
Sweater	Geansaí

Colors
Dathanna

Azure	Azure
Beige	Beige
Black	Dubh
Blue	Gorm
Brown	Brown
Cyan	Cyan
Fuchsia	Fuchsia
Green	Glas
Grey	Gray
Indigo	Indigo
Magenta	Magenta
Orange	Oráiste
Pink	Bándearg
Purple	Corcra
Red	Dearg
Sepia	Sepia
Violet	Violet
White	Bán
Yellow	Buí

Conservation
Caomhnú

Changes	Athruithe
Chemicals	Ceimiceáin
Climate	Aeráide
Concern	Imní
Cycle	Timthriall
Ecosystem	Éiceachóras
Education	Oideachas
Environmental	Comhshaol
Green	Glas
Habitat	Gnáthóg
Health	Sláinte
Natural	Nádúrtha
Organic	Orgánach
Pesticide	Lotnaidicíd
Pollution	Truailliú
Recycle	Athchúrsáil
Sustainable	Inbhuanaithe
Water	Uisce

Cooking Tools
Uirlisí Cócaireachta

Blender	Cumascóir
Colander	Colander
Cutlery	Sceanra
Fork	Forc
Grater	Grater
Kettle	Citeal
Knife	Scian
Lid	Clúdach
Oven	Oigheann
Refrigerator	Cuisneoir
Scissors	Siosúr
Spatula	Spatula
Spoon	Spúnóg
Stove	Sorn
Strainer	Strainer
Thermometer	Teirmiméadar
Toaster	Toaster

Countries #2
Tíortha # 2

Albania	An Albáin
Denmark	An Danmhairg
Ethiopia	An Aetóip
Greece	An Ghréig
Haiti	Háití
Jamaica	Iamáice
Japan	An Tseapáin
Laos	Laos
Lebanon	An Liobáin
Liberia	An Libéir
Mexico	Meicsiceo
Nepal	Neipeal
Nigeria	An Nigéir
Pakistan	Phacastáin
Russia	Rúis
Somalia	An Tsomáil
Sudan	An Tsúdáin
Syria	Tsiria
Uganda	Uganda
Ukraine	Úcráin

Dance
Damhsa

Academy	Acadamh
Art	Ealaín
Body	Comhlacht
Classical	Clasaiceach
Cultural	Cultúrtha
Culture	Cultúr
Emotion	Emotion
Expressive	Ionadaithe
Grace	Grace
Jump	Léim
Movement	Gluaiseacht
Music	Ceol
Partner	Comhpháirtí
Posture	Staidiúir
Rhythm	Rithim
Traditional	Traidisiúnta
Visual	Físeán

Days and Months
Laethanta Agus Míonna

April	Aibreán
August	Lúnasa
Calendar	Féilire
February	Feabhra
Friday	Dé Haoine
January	Eanáir
July	Iúil
March	Márta
May	Bealtaine
Monday	Dé Luain
Month	Mí
November	Samhain
Saturday	Dé Sathairn
September	Meán Fómhair
Sunday	Dé Domhnaigh
Thursday	Déardaoin
Tuesday	Dé Máirt
Wednesday	Dé Céadaoin
Week	Seachtain
Year	Bliain

Driving
Tiomána

Accident	Timpiste
Brakes	Coscáin
Car	Carr
Danger	Contúirt
Driver	Tiománaí
Fuel	Breosla
Garage	Garáiste
Gas	Gás
License	Ceadúnas
Map	Léarscáil
Motor	Mótar
Motorcycle	Gluaisrothar
Pedestrian	Coisithe
Police	Póilíní
Road	Bóthar
Safety	Sábháilteacht
Speed	Luas
Traffic	Trácht
Truck	Truck
Tunnel	Tollán

Ecology
Éiceolaíocht

Climate	Aeráide
Communities	Pobail
Diversity	Éagsúlacht
Drought	Triomach
Fauna	Fána
Flora	Flóra
Global	Domhanda
Habitat	Gnáthóg
Marine	Mara
Marsh	Marsh
Mountains	Sléibhte
Natural	Nádúrtha
Nature	Nádúr
Plants	Plandaí
Resources	Acmhainní
Survival	Marthanais
Sustainable	Inbhuanaithe
Vegetation	Fásra

Emotions
Mothúcháin

Anger	Fearg
Bliss	Bliss
Boredom	Boredom
Calm	Calma
Embarrassed	Náire
Fear	Eagla
Grateful	Buíoch
Joy	Áthas
Kindness	Cineáltas
Love	Grá
Peace	Síocháin
Relief	Faoiseamh
Sadness	Brón
Satisfied	Sásta
Surprise	Iontas
Sympathy	Comhbhrón
Tenderness	Tenderness
Tranquility	Suaimhneas

Exploration
Taiscéalaíochta

Activity	Gníomhaíocht
Animals	Ainmhithe
Courage	Misneach
Cultures	Cultúir
Determination	Cinneadh
Excitement	Excitement
Exhaustion	Exhaustion
Hazards	Guaiseacha
Language	Teanga
New	Nua
Perilous	Contúirteach
Quest	Rompu
Space	Spás
Terrain	Tír-Raon
Travel	Taisteal
Unknown	Anaithnid
Wild	Wild

Family
Teaghlaigh

Ancestor	Sinsear
Aunt	Aintín
Brother	Deartháir
Child	Leanaí
Childhood	Óige
Cousin	Col Ceathrar
Daughter	Iníon
Father	Athair
Grandchild	Garleanbh
Grandfather	Seanathair
Grandmother	Seanmháthair
Grandson	Ua
Husband	Fear Céile
Maternal	Ábhar
Mother	Máthair
Nephew	Nia
Niece	Neacht
Paternal	Paternal
Sister	Deirfiúr
Uncle	Uncail

Farm #1
Feirme #1

Agriculture	Talmhaíocht
Bee	Bee
Bison	Bison
Calf	Lao
Cat	Cat
Chicken	Sicín
Cow	Bó
Crow	Crow
Dog	Madra
Donkey	Donkey
Fence	Fál
Fertilizer	Leasachán
Field	Réimse
Goat	Gabhar
Hay	Hay
Honey	Mil
Horse	Capall
Rice	Rís
Seeds	Síolta
Water	Uisce

Farm #2
Feirme #2

Animals	Ainmhithe
Barley	Eorna
Barn	Barn
Corn	Arbhar
Duck	Duck
Farmer	Feirmeoir
Food	Bia
Fruit	Torthaí
Irrigation	Uisciúcháin
Lamb	Lamb
Llama	Llama
Meadow	Meadow
Milk	Bainne
Orchard	Orchard
Sheep	Caoirigh
Shepherd	Aoire
Tractor	Tarracóir
Vegetable	Glasraí
Wheat	Cruithneacht
Windmill	Windmill

Fishing
Iascaireacht

Bait	Baoite
Basket	Ciseán
Beach	Trá
Boat	Bád
Equipment	Trealamh
Exaggeration	Áibhéil
Fins	Fins
Gills	Gills
Hook	Crúca
Jaw	Jaw
Lake	Loch
Ocean	Aigéan
Patience	Foighne
River	Abhainn
Season	Séasúr
Water	Uisce
Weight	Meáchan
Wire	Sreang

Flowers
Bláthanna

Bouquet	Bouquet
Calendula	Calendula
Clover	Seamair
Daisy	Daisy
Dandelion	Dandelion
Gardenia	Gardenia
Hibiscus	Hibiscus
Jasmine	Jasmine
Lavender	Lavender
Lilac	Lilac
Lily	Lily
Magnolia	Magnolia
Orchid	Úlloird
Passionflower	Passionflower
Peony	Peony
Petal	Petal
Plumeria	Plumeria
Poppy	Poppy
Sunflower	Lus na Gréine
Tulip	Tiúilip

Food #1
Bia # 1

Apricot	Aibreog
Barley	Eorna
Basil	Basil
Carrot	Cairéad
Cinnamon	Cainéil
Garlic	Gairleog
Juice	Sú
Lemon	Lemon
Milk	Bainne
Onion	Oinniún
Peanut	Peanut
Pear	Piorra
Salad	Sailéad
Salt	Salann
Soup	Anraith
Spinach	Spionáiste
Strawberry	Sútha Talún
Sugar	Siúcra
Tuna	Tuinnín
Turnip	Tornapa

Food #2
Bia # 2

Apple	Apple
Artichoke	Artichoke
Banana	Banana
Broccoli	Brocailí
Celery	Soilire
Cheese	Cáis
Cherry	Cherry
Chicken	Sicín
Chocolate	Seacláid
Egg	Ubh
Eggplant	Eggplant
Fish	Iasc
Grape	Fíonchaor
Ham	Ham
Kiwi	Kiwi
Mushroom	Beacán
Rice	Rís
Tomato	Trátaí
Wheat	Cruithneacht
Yogurt	Iógart

Fruit
Torthaí

Apple	Apple
Apricot	Aibreog
Avocado	Avocado
Banana	Banana
Berry	Berry
Cherry	Cherry
Coconut	Cnó Cócó
Fig	Fig
Grape	Fíonchaor
Guava	Guava
Kiwi	Kiwi
Lemon	Lemon
Mango	Mango
Melon	Melon
Nectarine	Nectarine
Papaya	Papaya
Peach	Peach
Pear	Piorra
Pineapple	Pineapple
Raspberry	Sú Craobh

Furniture
Troscán

Armoire	Armoire
Bed	Leaba
Bench	Binse
Bookcase	Leabhragán
Chair	Cathaoirleach
Comforters	Comforters
Couch	Couch
Curtains	Cuirtíní
Cushions	Cúisíní
Desk	Deasc
Dresser	Dresser
Futon	Futon
Hammock	Hammock
Lamp	Lampa
Mattress	Tocht
Mirror	Scáthán
Pillow	Pillow
Rug	Rug
Shelves	Seilfeanna

Garden
Gairdín

Bench	Binse
Bush	Bush
Fence	Fál
Flower	Bláth
Garage	Garáiste
Garden	Gairdín
Grass	Féar
Hammock	Hammock
Hose	Hose
Lawn	Lawn
Orchard	Orchard
Pond	Lochán
Porch	Porch
Rake	Rake
Shovel	Sluasaid
Terrace	Ardán
Trampoline	Trampoline
Tree	Crann
Vine	Vine
Weeds	Fiailí

Geography
Tíreolaíocht

Altitude	Airde
Atlas	Atlas
City	Cathrach
Continent	Mór-Roinn
Country	Tír
Elevation	Ingearchló
Hemisphere	Leathsféar
Island	Oileán
Map	Léarscáil
Meridian	Meridian
Mountain	Sliabh
North	Thuaidh
Ocean	Aigéan
Region	Réigiún
River	Abhainn
Sea	Farraige
South	Theas
Territory	Críoch
West	An Tiarthar
World	Domhan

Geology
Geolaíocht

Acid	Aigéad
Calcium	Cailciam
Cavern	Cavern
Continent	Mór-Roinn
Coral	Coral
Crystals	Criostail
Cycles	Timthriallta
Earthquake	Crith Talún
Erosion	Creimeadh
Fossil	Iontaise
Geyser	Geyser
Lava	Lava
Layer	Ciseal
Minerals	Mianraí
Plateau	Plateau
Quartz	Grianchloch
Salt	Salann
Stalactite	Stalactite
Stone	Cloch
Volcano	Bolcán

Hair Types
Cineálacha Gruaige

Bald	Bald
Black	Dubh
Blond	Blond
Braided	Braided
Braids	Braid
Brown	Brown
Colored	Daite
Curls	Curls
Curly	Curly
Dry	Tirim
Gray	Liath
Healthy	Sláintiúil
Long	Fada
Shiny	Lonrach
Short	Gearr
Soft	Bog
Thick	Tiubh
Thin	Tanaí
Wavy	Wavy
White	Bán

Herbalism
Luibheolaíocht

Aromatic	Aramatacha
Basil	Basil
Beneficial	Tairbheach
Culinary	Cócaireachta
Fennel	Fennel
Flavor	Blas
Flower	Bláth
Garden	Gairdín
Garlic	Gairleog
Green	Glas
Ingredient	Comhábhar
Lavender	Lavender
Marjoram	Marjoram
Mint	Mint
Oregano	Oregano
Parsley	Peirsil
Plant	Plandaí
Rosemary	Rosemary
Saffron	Saffron
Tarragon	Tarragon

Hiking
Fánaíocht

Animals	Ainmhithe
Boots	Buataisí
Camping	Campáil
Cliff	Aill
Climate	Aeráide
Guides	Treoracha
Hazards	Guaiseacha
Heavy	Trom
Map	Léarscáil
Mosquitoes	Mosquitoes
Mountain	Sliabh
Nature	Nádúr
Parks	Páirceanna
Preparation	Ullmhú
Stones	Clocha
Sun	Sun
Tired	Tuirseach
Water	Uisce
Wild	Wild

House
Teach

Attic	Attic
Broom	Broom
Curtains	Cuirtíní
Door	Doras
Fence	Fál
Fireplace	Teallach
Floor	Urlár
Furniture	Troscán
Garage	Garáiste
Garden	Gairdín
Keys	Eochracha
Kitchen	Cistin
Lamp	Lampa
Library	Leabharlann
Mirror	Scáthán
Roof	Díon
Room	Seomra
Shower	Cith
Wall	Balla
Window	Fuinneog

Human Body
Daonna Comhlacht

Ankle	Rúitín
Blood	Bia
Bones	Cnámha
Brain	Inchinn
Chin	Smig
Ear	Cluaise
Elbow	Elbow
Face	Aghaidh
Finger	Finger
Hand	Lámh
Head	Ceann
Heart	Croí
Jaw	Jaw
Knee	Glúin
Leg	Cos
Mouth	Béal
Neck	Muineál
Nose	Srón
Shoulder	Gualainn
Skin	Craiceann

Insects
Feithidí

Ant	Ant
Aphid	Aphid
Bee	Bee
Beetle	Ciaróg
Butterfly	Féileacán
Cicada	Cicada
Cockroach	Cockroach
Dragonfly	Dragonfly
Flea	Flea
Gnat	Gnat
Grasshopper	Grasshopper
Hornet	Hornet
Ladybug	Ladybug
Larva	Larva
Locust	Locust
Mantis	Mantis
Mosquito	Mosquito
Termite	Termite
Wasp	Bap
Worm	Worm

Kitchen
Cistine

Apron	Naprún
Bowl	Bowl
Chopsticks	Chopsticks
Cups	Cupáin
Food	Bia
Forks	Forks
Freezer	Reoiteoir
Grill	Grill
Jar	Jar
Jug	Crúiscín
Kettle	Citeal
Knives	Sceana
Ladle	Ladle
Napkin	Napkin
Oven	Oigheann
Recipe	Oideas
Refrigerator	Cuisneoir
Spices	Spíosraí
Sponge	Spúinse
Spoons	Spúnóga

Landscapes
Tírdhreacha

Beach	Trá
Cave	Uaimh
Desert	Fásach
Geyser	Geyser
Glacier	Glacier
Hill	Cnoc
Iceberg	Iceberg
Island	Oileán
Lake	Loch
Mountain	Sliabh
Oasis	Oasis
Ocean	Aigéan
Peninsula	Leithinis
River	Abhainn
Sea	Farraige
Swamp	Swamp
Tundra	Tundra
Valley	Valley
Volcano	Bolcán
Waterfall	Eas

Literature
Litríocht

Analogy	Analaí
Analysis	Anailís
Anecdote	Anecdote
Author	Údar
Biography	Beathaisnéis
Conclusion	Conclúid
Critique	Léirmheas
Description	Cur Síos
Dialogue	Idirphlé
Fiction	Ficsean
Metaphor	Meafar
Novel	Úrscéal
Opinion	Tuairim
Poem	Dán
Poetic	Fileata
Rhyme	Rím
Rhythm	Rithim
Style	Stíl
Theme	Téama
Tragedy	Tragóid

Mammals
Mamaigh

Bear	Bear
Beaver	Beaver
Bull	Bull
Cat	Cat
Coyote	Coyote
Dog	Madra
Dolphin	Deilf
Elephant	Eilifint
Fox	Fox
Giraffe	Sioráf
Gorilla	Gorilla
Horse	Capall
Kangaroo	Kangaroo
Lion	Lion
Monkey	Moncaí
Rabbit	Coinín
Sheep	Caoirigh
Whale	Míol Mór
Wolf	Mac Tíre
Zebra	Zebra

Math
Math

Angles	Uillinneacha
Arithmetic	Uimhríocht
Circumference	Imlíne
Decimal	Deachúlach
Diameter	Trastomhas
Division	Rannán
Equation	Trealamh
Exponent	Easpónant
Fraction	Codán
Geometry	Céimseata
Numbers	Uimhreacha
Parallel	Comhthreomhar
Polygon	Polagán
Radius	Ga
Rectangle	Dronuilleog
Square	Cearnóg
Sum	Suim
Symmetry	Siméadracht
Triangle	Triantán
Volume	Toirt

Measurements
Tomhais

Byte	Byte
Centimeter	Ceintiméadar
Decimal	Deachúlach
Degree	Céim
Depth	Doimhneacht
Gram	Gram
Height	Airde
Inch	Orlach
Kilogram	Cileagram
Kilometer	Ciliméadar
Length	Fad
Liter	Lítear
Mass	Aifreann
Meter	Méadar
Minute	Nóiméad
Ounce	Ounce
Ton	Ton
Volume	Toirt
Weight	Meáchan
Width	Leithead

Meditation
Meditation

Acceptance	Glacadh
Attention	Aird
Awake	Awake
Calm	Calma
Clarity	Soiléireacht
Compassion	Trua
Emotions	Mothúcháin
Gratitude	Buíochas
Habits	Nósanna
Happiness	Sonas
Insight	Léargas
Kindness	Cineáltas
Mental	Meabhrach
Mind	Mind
Movement	Gluaiseacht
Music	Ceol
Nature	Nádúr
Peace	Síocháin
Silence	Tost
Thoughts	Smaointe

Musical Instruments
Ionstraimí Ceoil

Banjo	Banjo
Bassoon	Bassoon
Cello	Cello
Chimes	Chimes
Clarinet	Clarinet
Drum	Droim
Flute	Fliúit
Gong	Gong
Guitar	Giotár
Harp	Cláirseach
Mandolin	Mandolin
Marimba	Marimba
Oboe	Oboe
Percussion	Cnaguirlisí
Piano	Pianó
Saxophone	Saxophone
Tambourine	Tambourine
Trombone	Trombone
Trumpet	Trumpa
Violin	Veidhlín

Mythology
Miotaseolaíocht

Archetype	Archetype
Behavior	Iompar
Beliefs	Creidimh
Creation	Cruthú
Creature	Créatúr
Culture	Cultúr
Deities	Deities
Disaster	Tubaiste
Heaven	Heaven
Hero	Laoch
Jealousy	Éad
Labyrinth	Labyrinth
Legend	Finscéal
Lightning	Tintreach
Monster	Monster
Mortal	Mortal
Revenge	Díoltas
Strength	Neart
Thunder	Thunder
Warrior	Trodaí

Nature
Nádúr

Animals	Ainmhithe
Arctic	Artach
Beauty	Áilleacht
Bees	Beacha
Cliffs	Aillte
Clouds	Scamaill
Desert	Fásach
Dynamic	Dinimiciúla
Erosion	Creimeadh
Fog	Ceo
Foliage	Duilliúr
Forest	Foraois
Glacier	Glacier
Mountains	Sléibhte
Peaceful	Síochánta
River	Abhainn
Sanctuary	Tearmann
Serene	Serene
Tropical	Trópaiceach
Wild	Wild

Numbers
Uimhreacha

Decimal	Deachúlach
Eight	Ocht
Eighteen	Ocht Déag
Five	Cúig
Four	Ceithre
Fourteen	A Ceathair
Math	Math
Nine	Naoi
Nineteen	Naoi Déag
One	Aon
Seven	Seacht
Seventeen	A Seacht Déag
Six	Sé
Sixteen	Sé Cinn Déag
Ten	Deich
Thirteen	Trí Cinn Déag
Three	Trí
Twenty	Fiche
Two	Dó
Zero	Nialas

Nutrition
Cothú

Appetite	Appetite
Balanced	Cothrom
Bitter	Searbh
Calories	Calories
Diet	Aiste Bia
Digestion	Díleá
Edible	Inite
Fermentation	Coipeadh
Flavor	Blas
Habits	Nósanna
Health	Sláinte
Healthy	Sláintiúil
Liquids	Leachtanna
Nutrient	Cothaitheach
Proteins	Próitéiní
Quality	Cáilíocht
Sauce	Anlann
Toxin	Tocsain
Vitamin	Vitimín
Weight	Meáchan

Ocean
Aigéan

Algae	Algaí
Coral	Coral
Crab	Portán
Dolphin	Deilf
Eel	Eascann
Fish	Iasc
Octopus	Octopus
Oyster	Oisrí
Reef	Reef
Salt	Salann
Seaweed	Feamainn
Shark	Roinn
Shrimp	Shrimp
Sponge	Spúinse
Storm	Storm
Tides	Taoidí
Tuna	Tuinnín
Turtle	Turtle
Waves	Tonnta
Whale	Míol Mór

Pets
Peataí

Cat	Cat
Collar	Collar
Cow	Bó
Dog	Madra
Fish	Iasc
Food	Bia
Goat	Gabhar
Hamster	Hamster
Kitten	Kitten
Leash	Leash
Lizard	Lizard
Mouse	Luch
Parrot	Parrot
Paws	Paws
Puppy	Puppy
Rabbit	Coinín
Tail	Eireaball
Turtle	Turtle
Veterinarian	Tréidlia
Water	Uisce

Pirates
Pirates

Adventure	Eachtraíochta
Anchor	Ancaire
Bad	Olc
Beach	Trá
Captain	Captaen
Cave	Uaimh
Coins	Boinn
Compass	Compás
Crew	Criú
Danger	Contúirt
Flag	Bratach
Gold	Óir
Island	Oileán
Legend	Finscéal
Map	Léarscáil
Parrot	Parrot
Rum	Rum
Scar	Scar
Sword	Sword
Treasure	Stór

Plants
Plandaí

Bamboo	Bambú
Bean	Bean
Berry	Berry
Blossom	Blossom
Bush	Bush
Cactus	Cactus
Fertilizer	Leasachán
Flora	Flóra
Flower	Bláth
Foliage	Duilliúr
Forest	Foraois
Garden	Gairdín
Grass	Féar
Ivy	Ivy
Moss	Mu
Petal	Petal
Root	Fréamh
Stem	Stem
Tree	Crann
Vegetation	Fásra

Professions #1
Gairmeacha # 1

Ambassador	Ambasadóir
Astronomer	Réalteolaí
Attorney	Aturnae
Banker	Baincéir
Cartographer	Cartographer
Coach	Cóiste
Dancer	Rinceoir
Doctor	Dochtúir
Editor	Eagarthóir
Geologist	Geolaí
Hunter	Hunter
Jeweler	Jeweler
Lawyer	Dlíodóir
Musician	Ceoltóir
Nurse	Altra
Pianist	Pianódóir
Plumber	Pluiméir
Psychologist	Síceolaí
Sailor	Seoltóir
Veterinarian	Tréidlia

Professions #2
Gairmeacha # 2

Astronaut	Spásaire
Biologist	Bitheolaí
Dentist	Fiaclóir
Detective	Bleachtaire
Engineer	Innealtóir
Farmer	Feirmeoir
Gardener	Garraíodóir
Illustrator	Illustrator
Inventor	Aireagóir
Journalist	Iriseoir
Librarian	Leabharlannaí
Linguist	Teangeolaí
Painter	Péintéir
Philosopher	Fealsamh
Physician	Dochtúir
Pilot	Píolótach
Researcher	Taighdeoir
Surgeon	Máinlia
Teacher	Múinteoir
Zoologist	Zoologist

Rainforest
Foraois Bháistí

Amphibians	Amfaibiaigh
Birds	Éin
Botanical	Luibheolaíoch
Climate	Aeráide
Clouds	Scamaill
Community	Pobal
Diversity	Éagsúlacht
Indigenous	Dúchasacha
Insects	Feithidí
Jungle	Jungle
Mammals	Mamaigh
Moss	Mu
Nature	Nádúr
Preservation	Caomhnú
Refuge	Tearmann
Respect	Meas
Restoration	Athchóiriú
Survival	Marthanais
Valuable	Luachmhar

Restaurant #1
Bialann # 1

Allergy	Ailléirge
Bowl	Bowl
Bread	Arán
Cashier	Airgeadóir
Chicken	Sicín
Coffee	Caife
Dessert	Milseog
Food	Bia
Ingredients	Comhábhair
Kitchen	Cistin
Knife	Scian
Meat	Feola
Menu	Roghchlár
Napkin	Napkin
Plate	Pláta
Reservation	Áirithint
Sauce	Anlann
Spicy	Spicy
Waitress	Waitress

Restaurant #2
Bialann # 2

Beverage	Dí
Cake	Císte
Chair	Cathaoirleach
Delicious	Delicious
Dinner	Dinnéar
Eggs	Uibheacha
Fish	Iasc
Fork	Forc
Fruit	Torthaí
Ice	Oighear
Lunch	Lón
Noodles	Núdail
Salad	Sailéad
Salt	Salann
Soup	Anraith
Spices	Spíosraí
Spoon	Spúnóg
Vegetables	Glasraí
Waiter	Freastalaí
Water	Uisce

School #1
School #1

Alphabet	Aibítir
Answers	Freagraí
Books	Leabhair
Chair	Cathaoirleach
Desk	Deasc
Exams	Scrúduithe
Folders	Fillteáin
Fun	Spraoi
Library	Leabharlann
Lunch	Lón
Markers	Marcóirí
Math	Math
Numbers	Uimhreacha
Paper	Páipéar
Pencil	Peann Luaidhe
Pens	Pinn
Teacher	Múinteoir

School #2
School #2

Academic	Acadúil
Backpack	Backpack
Books	Leabhair
Bus	Bus
Calendar	Féilire
Computer	Ríomhaire
Dictionary	Foclóir
Education	Oideachas
Eraser	Scriosán
Games	Cluichí
Grammar	Gramadach
Library	Leabharlann
Literature	Litríocht
Paper	Páipéar
Pencil	Peann Luaidhe
Science	Eolaíocht
Scissors	Siosúr
Supplies	Soláthairtí
Teacher	Múinteoir
Weekends	Seachtaine

Science
Eolaíocht

Atom	Adamh
Chemical	Ceimiceach
Climate	Aeráide
Data	Sonraí
Evolution	Éabhlóid
Experiment	Turgnamh
Fact	Fíric
Fossil	Iontaise
Hypothesis	Hipitéis
Laboratory	Saotharlann
Method	Modh
Minerals	Mianraí
Molecules	Móilíní
Nature	Nádúr
Organism	Orgánach
Particles	Cáithníní
Physics	Fisic
Plants	Plandaí
Scientist	Eolaí

Science Fiction
Ficsean Eolaíochta

Atomic	Adamhach
Books	Leabhair
Chemicals	Ceimiceáin
Cinema	Pictiúrlann
Dystopia	Dystopia
Explosion	Pléascadh
Fantastic	Iontach
Fire	Dóiteáin
Futuristic	Futuristic
Galaxy	Réaltra
Illusion	Illusion
Imaginary	Samhlaíocht
Mysterious	Mistéireach
Novels	Úrscéalta
Oracle	Oracle
Planet	Planet
Realistic	Réalaíoch
Robots	Robots
Utopia	Utopia
World	Domhan

Scientific Disciplines
Disciplíní Eolaíochta

Anatomy	Anatamaíocht
Archaeology	Seandálaíocht
Biochemistry	Bithcheimic
Biology	Bitheolaíocht
Chemistry	Ceimic
Ecology	Éiceolaíocht
Geology	Geolaíocht
Kinesiology	Kinesiology
Mechanics	Meicnic
Mineralogy	Mianach
Neurology	Néareolaíocht
Nutrition	Cothú
Physics	Fisic
Physiology	Fiseolaíocht
Psychology	Síceolaíocht
Robotics	Róbataic
Sociology	Socheolaíocht
Thermodynamics	Teirmidinimic
Zoology	Zó-Eolaíocht

Shapes
Cruthanna

Arc	Arc
Circle	Ciorcal
Cone	Cón
Corner	Cúinne
Cube	Ciúb
Curve	Cuar
Cylinder	Sorcóir
Edges	Imill
Ellipse	Ellipse
Hyperbola	Hyperbola
Line	Líne
Oval	Oval
Polygon	Polagán
Prism	Prism
Pyramid	Pirimid
Rectangle	Dronuilleog
Side	Taobh
Sphere	Sféar
Square	Cearnóg
Triangle	Triantán

Spices
Spíosraí

Anise	Anise
Bitter	Searbh
Cardamom	Cardamom
Cinnamon	Cainéil
Clove	Clove
Coriander	Coriander
Cumin	Cumin
Curry	Curry
Fennel	Fennel
Fenugreek	Fenugreek
Flavor	Blas
Garlic	Gairleog
Ginger	Ginger
Nutmeg	Nutmeg
Onion	Oinniún
Paprika	Paprika
Saffron	Saffron
Salt	Salann
Sweet	Milis
Vanilla	Vanilla

Sports
Spóirt

Athlete	Lúthchleasaí
Baseball	Baseball
Basketball	Cispheil
Bicycle	Rothar
Championship	Craobh
Coach	Cóiste
Game	Cluiche
Golf	Galf
Gymnasium	Giomnáisiam
Gymnastics	Gleacaíocht
Hockey	Haca
Movement	Gluaiseacht
Player	Imreoir
Referee	Réiteoir
Stadium	Staidiam
Team	Foireann
Tennis	Leadóg
Winner	Buaiteoir

Summer
Samhraidh

Beach	Trá
Books	Leabhair
Camping	Campáil
Diving	Tumadóireacht
Family	Teaghlaigh
Food	Bia
Games	Cluichí
Garden	Gairdín
Home	Baile
Joy	Áthas
Leisure	Fóillíocht
Music	Ceol
Relaxation	Scíthe
Sandals	Sandals
Sea	Farraige
Stars	Réaltaí
Travel	Taisteal

Surfing
Surfing

Athlete	Lúthchleasaí
Beach	Trá
Beginner	Bunleibhéal
Champion	Champion
Crowds	Sluaite
Foam	Cúr
Fun	Spraoi
Ocean	Aigéan
Paddle	Paddle
Popular	Tóir
Reef	Reef
Speed	Luas
Spray	Sprae
Stomach	Boilg
Strength	Neart
Style	Stíl
Wave	Tonn

Technology
Teicneolaíocht

Blog	Blag
Browser	Brabhsálaí
Bytes	Bytes
Camera	Ceamara
Computer	Ríomhaire
Cursor	Cúrsóir
Data	Sonraí
Digital	Digiteach
Display	Taispeáin
File	Comhad
Font	Cló
Internet	Idirlín
Research	Taighde
Screen	Scáileán
Security	Slándáil
Software	Bogearraí
Statistics	Staitisticí
Virtual	Fíorúil
Virus	Víreas

Time
Am

After	Tar Éis
Annual	Bliantúil
Before	Roimh
Calendar	Féilire
Century	Haois
Clock	Clog
Day	Lá
Decade	Deich Mbliana
Future	Todhchaí
Minute	Nóiméad
Month	Mí
Morning	Maidin
Night	Oíche
Noon	Meán Lae
Now	Anois
Soon	Go Luath
Today	Inniu
Week	Seachtain
Year	Bliain
Yesterday	Inné

To Fill
A Líonadh

Bag	Mála
Barrel	Bairille
Basket	Ciseán
Bottle	Buidéal
Box	Bosca
Bucket	Buicéad
Carton	Carton
Crate	Crate
Drawer	Tarraiceán
Folder	Fillteán
Jar	Jar
Packet	Paicéad
Pocket	Póca
Suitcase	Suitcase
Tray	Tráidire
Tub	Tub
Tube	Feadán
Vase	Vása
Vessel	Soitheach

Tools
Uirlisí

Axe	Ax
Cable	Cábla
Glue	Gliú
Hammer	Casúr
Knife	Scian
Ladder	Dréimire
Mallet	Mallet
Pliers	Greamairí
Razor	Razor
Rope	Téad
Ruler	Rialóir
Scissors	Siosúr
Screw	Scriú
Shovel	Sluasaid
Staple	Stáplacha
Stapler	Stáplóir
Torch	Tóirse
Wheel	Roth

Town
Baile

Airport	Aerfort
Bakery	Bácús
Bank	Banc
Bookstore	Siopa Leabhar
Cinema	Pictiúrlann
Clinic	Clinic
Florist	Florist
Gallery	Gailearaí
Hotel	Óstán
Library	Leabharlann
Market	An Margadh
Museum	Músaem
Pharmacy	Cógaslann
School	Scoil
Stadium	Staidiam
Store	Siopa
Supermarket	Ollmhargadh
Theater	Amharclann
University	Ollscoil
Zoo	Zú

Toys
Bréagáin

Airplane	Eitleán
Ball	Liathróid
Bicycle	Rothar
Boat	Bád
Books	Leabhair
Car	Carr
Chess	Ficheall
Clay	Cré
Crafts	Ceardaíocht
Crayons	Criáin
Doll	Doll
Drums	Drumaí
Games	Cluichí
Imagination	Samhlaíocht
Kite	Kite
Paints	Péinteanna
Robot	Robot
Truck	Truck

Vacation #2
Laethanta Saoire #2

Airport	Aerfort
Beach	Trá
Camping	Campáil
Destination	Ceann Scríbe
Foreign	Eachtrach
Foreigner	Eachtrannach
Holiday	Saoire
Hotel	Óstán
Island	Oileán
Journey	Turas
Leisure	Fóillíocht
Map	Léarscáil
Mountains	Sléibhte
Passport	Pas
Restaurant	Bialann
Sea	Farraige
Taxi	Tacsaí
Tent	Puball
Transportation	Iompar
Visa	Víosa

Vegetables
Glasraí

Artichoke	Artichoke
Broccoli	Brocailí
Carrot	Cairéad
Cauliflower	Cóilis
Celery	Soilire
Cucumber	Cúcamar
Eggplant	Eggplant
Garlic	Gairleog
Ginger	Ginger
Mushroom	Beacán
Onion	Oinniún
Parsley	Peirsil
Pea	Pea
Pumpkin	Pumpkin
Radish	Raidis
Salad	Sailéad
Shallot	Shallot
Spinach	Spionáiste
Tomato	Trátaí
Turnip	Tornapa

Vehicles
Feithiclí

Airplane	Eitleán
Ambulance	Otharcharr
Bicycle	Rothar
Boat	Bád
Bus	Bus
Car	Carr
Caravan	Carbhán
Engine	Inneall
Ferry	Ferry
Helicopter	Héileacaptar
Motor	Mótar
Raft	Raft
Rocket	Rocket
Scooter	Scooter
Submarine	Submarine
Subway	Fobhealach
Taxi	Tacsaí
Tires	Boinn
Tractor	Tarracóir
Truck	Truck

Virtues #1
Virtues #1

Artistic	Ealaíne
Charming	Talamh
Clean	Glan
Confident	Muiníneach
Curious	Aisteach
Decisive	Cinntitheach
Efficient	Éifeachtach
Funny	Greannmhar
Generous	Flaithiúil
Good	Maith
Helpful	Cabhrach
Imaginative	Samhlaíoch
Independent	Neamhspleách
Modest	Measartha
Passionate	Paiseanta
Patient	Othar
Reliable	Iontaofa
Wise	Wise

Visual Arts
Na Hamharcealaíona

Architecture	Ailtireacht
Artist	Ealaíontóir
Ceramics	Criadóireacht
Chalk	Cailc
Charcoal	Gualach
Clay	Cré
Composition	Comhdhéanamh
Creativity	Cruthaíocht
Easel	Tacas
Film	Scannán
Masterpiece	Sárshaothar
Painting	Péinteáil
Pen	Peann
Pencil	Peann Luaidhe
Photograph	Fótagraf
Portrait	Portráid
Pottery	Potaireacht
Stencil	Stionsal
Varnish	Vearnais
Wax	Céir

Water
Uisce

Canal	Canal
Drinkable	Inólta
Evaporation	Galú
Flood	Tuile
Frost	Sioc
Geyser	Geyser
Humidity	Taise
Hurricane	Hairicín
Ice	Oighear
Irrigation	Uisciúcháin
Lake	Loch
Moisture	Taise
Monsoon	Monsoon
Ocean	Aigéan
Rain	Báisteach
River	Abhainn
Shower	Cith
Snow	Sneachta
Steam	Gaile
Waves	Tonnta

Weather
Aimsir

Atmosphere	Atmaisféar
Breeze	Breeze
Climate	Aeráide
Cloud	Scamall
Drought	Triomach
Dry	Tirim
Fog	Ceo
Hurricane	Hairicín
Ice	Oighear
Lightning	Tintreach
Monsoon	Monsoon
Polar	Polar
Rainbow	Tuar Ceatha
Sky	Sky
Storm	Storm
Temperature	Teocht
Thunder	Thunder
Tornado	Tornado
Tropical	Teochriosach
Wind	Gaoithe

Congratulations

You made it!

We hope you enjoyed this book as much as we enjoyed making it. We do our best to make high quality games.
These puzzles are designed in a clever way for you to learn actively while having fun!

Did you love them?

A Simple Request

Our books exist thanks your reviews. Could you help us by leaving one now?

Here is a short link which will take you to your order review page:

BestBooksActivity.com/Review50

MONSTER CHALLENGE!

Challenge #1

Ready for Your Bonus Game? We use them all the time but they are not so easy to find. Here are **Synonyms**!

Note 5 words you discovered in each of the Puzzles noted below (#21, #36, #76) and try to find 2 synonyms for each word.

Note 5 Words from *Puzzle 21*

Words	Synonym 1	Synonym 2

Note 5 Words from *Puzzle 36*

Words	Synonym 1	Synonym 2

Note 5 Words from *Puzzle 76*

Words	Synonym 1	Synonym 2

Challenge #2

Now that you are warmed-up, note 5 words you discovered in each Puzzle
noted below (#9, #17, #25) and try to find 2 antonyms for each word.
How many lines can you do in 20 minutes?

Note 5 Words from **Puzzle 9**

Words	Antonym 1	Antonym 2

Note 5 Words from **Puzzle 17**

Words	Antonym 1	Antonym 2

Note 5 Words from **Puzzle 25**

Words	Antonym 1	Antonym 2

Challenge #3

Wonderful, this monster challenge is nothing to you!

Ready for the last one? Choose your 10 favorite words discovered in any of the Puzzles and note them below.

1.	6.
2.	7.
3.	8.
4.	9.
5.	10.

Now, using these words and within a maximum of six sentences, your challenge is to compose a text about a person, animal or place that you love!

Tip: You can use the last blank page of this book as a draft!

Your Writing:

NOTEBOOK:

SEE YOU SOON!

Linguas Classics Team